Ben Tiggelaar

Träumen
Wagen
Tun

Wie Sie den schwierigsten Menschen der Welt managen: sich selbst

Aus dem Englischen
von Nikolas Bertheau

First published in 2005 by Het Spectrum, The Netherlands. All Rights Reserved.
Die englische Ausgabe »Dream, Dare, Do. Managing the most difficult person on earth:
yourself« erschien 2008 bei Tyler Roland Press, The Netherlands.

Bibliografische Informationen der Deutschen Nationalbibliothek

Die Deutsche Nationalbibliothek verzeichnet diese Publikation in der
Deutschen Nationalbibliografie; detaillierte bibliografische Informationen
sind im Internet über http//dnb.d-nb.de abrufbar.

2. Auflage 2010

ISBN 978-3-86936-052-2

Projektleitung: Ute Flockenhaus
Lektorat: Anke Schild, Hamburg
Umschlaggestaltung: Martin Zech Design, Bremen, www.martinzech.de
Satz und Layout: Das Herstellungsbüro, Hamburg, www.buch-herstellungsbuero.de
Druck und Bindung: Salzland Druck, Staßfurt

© der Originalausgabe 2005/2008 by Ben Tiggelaar
© 2010 GABAL Verlag, Offenbach

Abonnieren Sie unseren Newsletter unter:
www.gabal-verlag.de

Inhalt

Träumen, Wagen, Tun **7**

1. Der schwierigste Mensch der Welt: Sie selbst **10**

2. Und sie wissen nicht, was sie tun **22**

3. »Überraschung«: Verluste zählen doppelt **35**

4. Veränderung in mehreren Schritten: Träumen, Wagen, Tun **48**

5. Träumen: Wohin des Wegs? **60**

6. Träumen: Und jetzt bitte konkret **75**

7. Wagen: Wie Sie kritische Augenblicke vorwegnehmen **90**

8. Wagen: Wie Sie schwierige Momente meistern **104**

9. Tun: Über Berg und Tal **119**

10. Tun: Beharrlichkeit führt zum Ziel **132**

Nachwort **141**

Träumen, Wagen, Tun: ein Test **143**

Dank **151**

Literatur **152**

Über Ben Tiggelaar **154**

Für Ingrid, Maria, Isabelle, Emma und Bernice

Träumen, Wagen, Tun

Sie wollen Ihrem Leben eine klarere Richtung geben. Und Sie wissen auch schon in etwa, wohin die Reise gehen soll. Aber Sie befürchten, dass es schwierig werden könnte. Vielleicht zu schwierig.

Keine Angst. Dieses Buch wird Ihnen helfen.

Mein Frust

Es existieren Bücher ohne Zahl, in denen geschrieben steht, *was* man in seinem Leben ändern kann und soll. Die Regale quellen über mit Ratgebern zu Themen wie Partnerschaft, Glück, Arbeit, Ernährung, Gesundheit, Sport, Religion und Spiritualität.

Aber *wie* das geht, *wie* man all die Tipps in die Praxis umsetzt, *wie* man sein eigenes Verhalten besser in den Griff bekommt … das bleibt für viele Menschen ein Buch mit sieben Siegeln.

Viele Bücher enden – nach einer langen Litanei von Ratschlägen – mit der simplen Feststellung, nun müsse man die Erkenntnisse nur noch im Alltag anwenden. »Nur noch« … Andere Bücher begnügen sich mit wohlfeilem Rat wie: »Alles, was Sie brauchen, ist Hartnäckigkeit und Ausdauer.« Oder mit Allgemeinplätzen wie: »Hören Sie auf Ihre innere Stimme.« Ich war stets hartnäckig und bin auch immer meiner inneren Stimme gefolgt, aber ich hatte nie das Gefühl, dass dies wirklich geholfen hat. Der reinste Frust.

Allzweckwaffe

Bei jeder Veränderung und jedem inneren Wachstum geht es darum, das eigene Verhalten bewusst zu steuern. Und genau hier liegt der schwache Punkt zwischen dem Plan und seiner Verwirklichung. Wir wissen, was wir erreichen wollen; und uns ist möglicherweise auch bewusst, was wir dazu tun müssen; aber wie können wir uns motivieren, wirklich damit zu beginnen und bis zum Ende durchzuhalten? Das ist für viele Menschen – mich inbegriffen – das eigentliche Problem.

In meinem Buch *Can Do!* habe ich detailliert beschrieben, was das bedeutet. Manche Leute bezeichnen das Buch als »Allzweckwaffe« für gezielte Verhaltensänderungen. Und als solche scheint es sich in der Praxis auch zu bewähren. Ich habe zahlreiche Briefe und Mails von Menschen erhalten, die das Buch in den unterschiedlichsten Situationen als hilfreich empfunden haben.

Führungskräfte haben mir erzählt, dass sie das Buch für Veränderungen in ihrem Unternehmen verwenden. Ernährungsberater machen sich gegenseitig auf die in dem Buch vorgestellte Methode zur Gewichtsreduzierung aufmerksam. Firmengründer beziehen aus dem Buch ihre Motivation. Ein Rehazentrum bedient sich seiner, um Patienten den Neueinstieg ins Leben zu erleichtern. Und Eltern unterstützt es bei der Erziehung ihrer Kinder.

Dieses Buch nun verfolgt denselben Ansatz wie *Can Do!*, allerdings in prägnanterer Form, ohne Fachtermini, mit neuen Beispielen und vielen Tipps.

Was dieses Buch Ihnen bringen wird

Dieses Buch enthält keine langatmigen Ausführungen und keine schwammigen Beschreibungen. Ich präsentiere einen realistischen, praktischen Ansatz, der garantiert funktioniert. Es ist ein bisschen wie im Sport: Es gibt ein paar Regeln, wie Sie Ihr Verhalten steuern können, und es lohnt sich, ein wenig zu trainieren. Und wenn Sie es ernsthaft versuchen, erzielen Sie wunderbare Resultate.

Einige Dinge in diesem Buch sind Ihnen sicher bereits vertraut – auch wenn Sie sie möglicherweise bislang nicht anwenden. Anderes aber wird Ihnen neu sein.

Die ersten drei Kapitel handeln in erster Linie von Ihrem Verhalten. Hier erfahren Sie mehr über sich selbst. Sie lernen, zu verstehen, wie Ihr Verhalten funktioniert und wie Sie es verändern können.

In den Kapiteln vier bis zehn werde ich Ihnen Techniken vorstellen, mit denen Sie die Steuerung Ihres eigenen Verhaltens verbessern können. Untersuchungen beweisen, dass sich mit diesen speziellen Techniken deutliche und manchmal überaus eindrucksvolle Erfolge erzielen lassen.

Zwischen den Kapiteln finden Sie neun Interviews mit Menschen, die in ihrem Leben ganz entscheidende Veränderungen vollzogen haben. Wahre Geschichten von gewöhnlichen Menschen, die Außergewöhnliches erlebt oder geschafft haben.

Ben Tiggelaar

1. Der schwierigste Mensch der Welt: Sie selbst

- ▪ Wozu sind Pläne und Vorsätze gut?
- ▪ Warum tun Sie häufig etwas, was Sie nicht tun wollen (oder unterlassen etwas, was Sie wollen)?
- ▪ Zwei Arten gegensätzlichen Verhaltens

Vor ein paar Jahren wog ich viel zu viel. So etwas stellt sich fast unmerklich ein. Einige Jahre lang aß ich in den »besseren Restaurants«, wenn ich beruflich unterwegs war. Ein Imbiss bei Shell. Noch einer bei Texaco. Ein Eis bei Esso. Zusammengenommen eine eher ungesunde Form der Ernährung.

Natürlich entging es mir nicht ganz, dass ich zugenommen hatte, aber da ich jede Waage mied, konnte ich mir einreden, dass es nicht so schlimm war. Bis mir meine Frau eines Tages eine elektronische Waage kaufte und vor die Füße stellte. Nun konnte ich vor meinen 110 Kilo nicht mehr die Augen verschließen. Das waren 25 Kilo mehr als jedes gesunde Maß. Und immer noch 15 Kilo mehr, als ich mir eingebildet hatte.

Da ich jede Waage mied, konnte ich mir einreden, dass es nicht so schlimm war.

So ein Augenblick hilft, Veränderungsprozesse in Gang zu setzen. Sie können sich lange sagen, dass Sie zu viel essen und zu wenig Sport treiben. Und Sie können lange von einem schlanken und gesunden Körper träumen. Aber es muss erst etwas geschehen, bevor Sie sich zu einer Veränderung aufraffen. Etwas, was Sie dazu motiviert, wirklich etwas zu *tun*.

Es ist schon merkwürdig: In unserem Alltag tun wir viele Dinge immer wieder, ohne dass wir sie wirklich tun wollen. Gleichzeitig wollen wir vieles tun und tun es dennoch nicht. Wir treiben weniger Sport, als wir sollten, wir essen weniger gesund, als wir sollten, wir haben für unsere Lieben weniger Zeit, als gut wäre, und so weiter.

»Ich begreife mein Handeln nicht. Ich tue nicht das, was ich will, sondern das, was ich hasse.« Das klingt wie die Klage eines Menschen aus unserer Zeit, ist aber ein Zitat aus der Bibel (Römer 7,15) und fast zweitausend Jahre alt. Nichts Neues unter der Sonne also …

Guter Wille allein reicht nicht

Sich selbst zu »managen«, ist schwierig. Die meisten Menschen, denen ich begegne, sind voll guter Absichten. Auch ich selbst. Hier ist eine kleine Auswahl der Vorsätze, die ich in meinen Workshops der letzten Jahre zu hören bekam.

- *Ich will häufiger ›Nein‹ sagen zu Dingen, die ich in Wahrheit nicht tun will.*
- *Ich will mich gesünder ernähren und mehr Sport treiben.*
- *Ich will etwas für meine Beziehung tun.*
- *Ich will selbstbewusster werden.*
- *Ich will lernen, besser zuzuhören.*
- *Seit Jahren schon will ich eine eigene Firma gründen.*
- *Ich bin innerlich unzufrieden. Ich möchte das Gefühl haben, etwas Sinnvolles zu tun.*
- *Ich will noch einmal studieren. Ich will mich persönlich weiterentwickeln.*
- *Ich wünsche mir einfach nur eine positivere Lebenseinstellung.*
- *Ich muss aufhören, ständig andere zu kritisieren.*

Der Psychologieprofessor John Norcross beschäftigt sich seit Jahren mit guten Vorsätzen. Er stellte – nicht ganz überraschend – fest, dass die Menschen ihre Absichten in den meisten Fällen nicht wahr machen. Von den Menschen beispielsweise, die zu Neujahr etwas verändern, fällt jeder Zweite bis spätestens zur Jahresmitte wieder in seine alten Gewohnheiten zurück. Und nur jeder Fünfte hält länger als zwei Jahre durch. Die schlechte Nachricht lautet also, dass gute Absichten allein nicht genug sind. Wenn wir etwas in unserem Leben verändern wollen, reicht es ganz offensichtlich nicht, unsere Absicht laut kundzutun.

Die gute Nachricht ist, dass ein konkretes Vorhaben (»Ich werde ab jetzt jeden Montagabend fünf Kilometer joggen«) nicht vollkommen nutzlos ist. Norcross untersuchte nämlich auch die Wirkung eines bloßen Wunsches ohne konkrete Verhaltensabsicht (»Ich wäre so gern etwas schlanker«) und stellte fest, dass von diesen Menschen nur vier Prozent ihren Veränderungswunsch binnen sechs Monaten verwirklicht hatten. Zehnmal weniger als bei den Menschen, die ihre Wünsche in konkrete Verhaltensabsichten übersetzten.

Das Verhalten ist das schwache Glied

Was für die guten Vorsätze an Silvester gilt, passt zu einer Erkenntnis, die den Psychologen seit Langem bekannt ist. Wenn ein Veränderungswunsch nicht genauestens in das für die Durchführung dieser Veränderung notwendige Verhalten übersetzt wird, hilft er nicht viel.

Die meisten träumen so lange, bis es zu spät ist.

Viele Menschen hegen insgeheim den Wunsch, eines Tages mehr Selbstvertrauen und Durchsetzungsvermögen zu entwickeln, den perfekten Partner zu treffen, mehr Zeit mit ihrer Familie zu verbringen, eine eigene Firma zu gründen und so weiter. So irritierend es klingen mag: Die meisten träumen so lange, bis es zu spät ist.

Das Verhalten ist das schwache Glied zwischen Plan und Ergebnis. Wir müssen sehr konkret festlegen, was wir heute tun müssen, um die langfristigen Ergebnisse zu erzielen, die uns wichtig sind. Jeder weiß, dass eine Kette nur so stark ist wie ihr schwächstes Glied. Und bei vielen Veränderungen spielt unser Verhalten die Rolle dieses schwächsten Gliedes. Wer also in seinem Leben etwas verändern und es nicht bei frommen Wünschen belassen will, muss sein eigenes Verhalten auf den Prüfstand stellen.

Aber was ist eigentlich Verhalten? Verhalten ist – vereinfacht gesagt – alles, was wir tun. Alles, was wir aus eigenem Antrieb oder in Reaktion auf unsere Umwelt unternehmen. Dazu gehören unsere (für die Umwelt sichtbaren) Bewegungen und Worte ebenso wie unsere (für die Umwelt unsichtbaren) Gedanken und Gefühle.

Zwei Formen von Verhaltensweisen

Psychologen und andere Verhaltenswissenschaftler legen viel Wert darauf, sich voneinander abzugrenzen. Und so kommen sie auch zu ganz unterschiedlichen Erkenntnissen und Ansichten. Aber fast alle Psychologen sind sich in einem einig: Es gibt mindestens zwei Formen von Verhaltensweisen. Sie und ich und alle Menschen dieser Welt tun manche Dinge *bewusst* und *geplant*. Und wir tun andere Dinge *unbewusst* und *automatisch*.

Manchmal wägen wir Dinge sorgfältig ab oder besprechen sie mit anderen und entwickeln dann konkrete Absichten, die wir anschließend (manchmal) auch ausführen. Das betrifft insbesondere solche Vorhaben, die wir nur wenige Male im Jahr oder noch seltener tun. Etwa einen Urlaub planen oder uns für einen Ehepartner entscheiden.

Meistens jedoch steuern wir unser Verhalten nicht bewusst mit dem Kopf, sondern wiederholen völlig *automatisch* Abläufe, die sich in der Vergangenheit bereits bewährt haben. Unsere Reaktionen als Verkehrsteilnehmer beispielsweise erfolgen häufig völlig unbewusst. Automatisch halten wir einen bestimmten Abstand zum vorausfahrenden Auto. In der Zwischenzeit nehmen wir Verkehrsschilder zur Kenntnis, während wir vielleicht sogar gleichzeitig telefonieren. Wir fahren mit eingeschaltetem »Autopiloten«.

Diese unbewussten Prozesse spielen besonders bei Verhaltensmustern eine Rolle, die sich wöchentlich, täglich oder noch häufiger wiederholen. Und genau diese automatischen Reaktionen – Gewohnheiten – stehen uns im Weg, wenn wir unser Verhalten verändern wollen.

Stellen Sie sich die zwei Formen von Verhaltensweisen wie zwei Teile eines Eisbergs vor. Das bewusste Verhalten entspricht dem Teil, der aus dem Wasser ragt. Es ist das, was Sie sehen. Das unbewusste Verhalten bildet den im Wasser befindlichen Teil. Sie wissen, dass er da ist, wenn Sie beispielsweise darüber in einem Buch lesen, aber Sie können ihn nicht sehen.

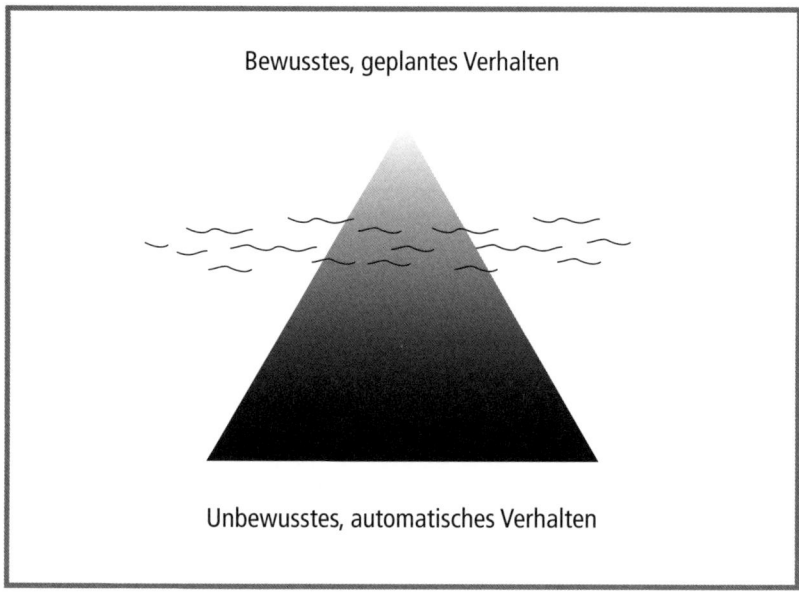

Es gibt zwei Formen von Verhaltensweisen: bewusstes, geplantes Verhalten (5 Prozent) und unbewusstes, automatisches Verhalten (95 Prozent).

Bewusstes, geplantes Verhalten (5 Prozent)

Lassen Sie uns über Wasser beginnen. Ein Teil unseres Verhaltens ist das Ergebnis von Plänen, die wir zuvor erstellt haben. Dieses Verhalten, über dessen Für und Wider wir uns explizit Gedanken gemacht haben, bezeichnen wir als bewusstes, geplantes Verhalten.

Wir wissen, was wir wollen, und handeln entsprechend. So sollte es zumindest im Idealfall sein. Wie wir bereits gesehen haben, fällt es uns in der Praxis allerdings häufig schwer, unsere Absichten auch umzusetzen.

Den Erkenntnissen des amerikanischen Psychologieprofessors Icek Ajzen zufolge sind drei Faktoren für die Entstehung unserer Absichten ausschlaggebend:

1. *Der vermutete Nutzen des beabsichtigten Verhaltens.* Wir sammeln während unseres Lebens alle möglichen Überzeugungen hinsichtlich des Nutzens bestimmter Verhaltensweisen. Wir bilden uns eine Meinung zu der Frage, was Joggen für die Reduzierung des Körpergewichts, ein romantisches Wochenende für die Partnerschaft oder ein Arztbesuch für die Wiederherstellung der Gesundheit bringt. Achtung: Entscheidend ist hier nicht der tatsächliche Nutzen, sondern das, was wir uns jeweils von einer bestimmten Verhaltensweise versprechen.

2. *Die vermutete Meinung von Menschen, die uns wichtig sind, zu unserem beabsichtigten Verhalten.* Wir überlegen, wie Freunde und Bekannte über uns denken würden: »Mein Partner wird dies für keine gute Idee halten.« Oder: »Meine Freunde werden mich auslachen, wenn ich ihnen davon erzähle.« Achtung: Ausschlaggebend ist auch hier nicht die tatsächliche, sondern die vermutete Reaktion der Umwelt.

3. *Unsere vermutete Fähigkeit, das beabsichtigte Verhalten auch wirklich umzusetzen.* Entscheidend ist dabei das Bild, das wir von uns selbst haben: »Ich bin nun einmal nicht der sportliche Typ.« Oder: »Zum Glück fällt mir das Schreiben von Bewerbungen

nicht schwer.« Oder: »Ich kann einfach schlecht ›Nein‹ sagen.« Achtung: Hier geht es ebenfalls nicht um unsere tatsächlichen Fähigkeiten, sondern darum, wie wir darüber denken.

Bewusstes, geplantes Verhalten ist ein Verhalten, das wir zuvor in unserem Kopf durchgespielt haben. Wir überlegen uns im Voraus, was geschehen wird. Zu einem solchen Verhalten neigen wir besonders dann, wenn es sich um etwas handelt, was wir nicht sehr häufig tun: einmal oder wenige Male im Jahr.

Den meisten Psychologen zufolge ist nur ein geringer Teil unseres Verhaltens bewusst gewählt.

Den meisten Psychologen zufolge ist nur ein geringer Teil unseres Verhaltens bewusst gewählt. Die Schätzungen liegen bei fünf Prozent oder darunter. Aber es handelt sich um einen sehr bedeutenden Teil. Wichtige Lebensentscheidungen und andere Entscheidungen mit Langzeitwirkung werden in der Regel bewusst getroffen.

Unbewusstes, automatisches Verhalten (95 Prozent)

Unbewusstes, automatisches Verhalten ist eine Form von Verhalten, die uns häufig überrascht, selbst wenn es unser eigenes ist. Gemeint sind Dinge, die wir tun, ohne dass unser Gedächtnis sie im Detail registriert. Die Art von Verhalten, die wir zeigen, wenn wir unseren Autopiloten einschalten.

Ich habe bereits das Beispiel vom Autofahren genannt. Häufig fahren wir mehrere Kilometer, ohne dass wir im Nachhinein noch sagen könnten, wo wir gewesen sind. Manchmal haben wir sogar ein Gefühl von »Aufwachen« hinterm Steuer. Wenn wir plötzlich ein Wahrzeichen passieren oder die Situation auf einmal unsere volle Aufmerksamkeit erfordert.

Bis zu diesem Augenblick haben wir das Fahrzeug vollkommen automatisch zwischen den weißen Linien und im sicheren Abstand zum vorausfahrenden Fahrzeug gehalten. Ebenso automatisch haben wir auf allerlei Signale im unmittelbaren Umfeld reagiert. Im Grunde wird das Auto in solchen Augenblicken nicht von uns gesteuert, sondern von den Reizen aus dem direkten Umfeld mittels unseres unbewussten Verhaltens.

Unbewusstes, automatisches Verhalten ist für die meisten Ergebnisse verantwortlich, die wir in unserem Leben verbuchen. Die Art, wie wir mit unserem Partner umgehen, schlägt sich in der Qualität unserer Beziehung nieder. Und die Art, wie wir täglich unsere Arbeit verrichten, hat entscheidenden Einfluss auf unseren beruflichen Werdegang.

Diese Alltagsgewohnheiten sind zudem ausschlaggebend dafür, wie andere Menschen uns wahrnehmen. Wer unseren Charakter oder unsere Persönlichkeit beschreiben soll, erwähnt in der Regel jene alltäglichen Verhaltensweisen, die wir vollkommen automatisch zeigen. Dieses unbewusste, automatische Verhalten hat entscheidenden Einfluss auf unsere Lebensqualität. Schätzungen zufolge laufen mehr als 95 Prozent unseres Verhaltens unbewusst und automatisch ab. Weil es sich um unbewusstes Verhalten handelt, ist es zugleich jenes Verhalten, über das wir am wenigsten wissen. Deshalb ist das nächste Kapitel ausschließlich dieser Verhaltensform gewidmet.

Was das bedeutet ...

Bewusstes, geplantes Verhalten betrifft in aller Regel Dinge, die wir nicht häufig tun oder die auf das Erreichen von Zukunftszielen gerichtet sind. Wir wollen uns zum Beispiel körperlich besser fühlen und beschließen, uns fortan gesünder zu ernähren und mehr Sport zu treiben. Unser unbewusstes, automatisches Verhalten wird von allen möglichen Reizen im Hier und Jetzt gesteuert. Wir hegen eine automatische Abneigung gegen Verhaltensweisen, die uns unmittelbar ein schlechtes Gefühl bereiten, und wir bevorzugen automatisch Verhaltensweisen, die unmittelbar Wohlgefühl erzeugen.

Wie Sie sich vorstellen können, geraten diese beiden Arten von Verhalten häufig in Konflikt. Eine gesündere Ernährung etwa ist langfristig gesehen nur positiv, bewirkt aber kurzfristig nicht immer ein unmittelbares Wohlgefühl.

Mehr Sport tut uns richtig gut, wenn wir mehrere Monate durchhalten, aber die ersten Male, wenn wir die Sportkleidung anziehen und durch den Wald laufen, erleben wir vielleicht als recht qualvoll.

Das Ärgerliche ist, dass die meisten Verhaltensänderungen erst langfristig positive Resultate zeitigen. Häufig sehen wir erst nach Monaten der täglichen Wiederholung Erfolge. Das gilt besonders für die wichtigsten Lebensbereiche wie Beziehungen, persönliche Entwicklung, Gesundheit und Karriere.

Destruktive Veränderungen sind in der Regel mit weit weniger Mühen verbunden.

Destruktive Veränderungen sind in der Regel mit weit weniger Mühen verbunden. Eine Freundschaft zerstören, eine Prüfung verhauen, Kollegen gegen sich aufbringen – das lässt sich alles sehr leicht bewerkstelligen. Ein Fehlverhalten, und schon bekommen wir die Quittung. Positive Resultate in Lebensbereichen, die uns wirklich wichtig sind, erfordern hingegen fast immer eine Langzeitinvestition. Wenn Sie also etwas in Ihrem Leben verändern wollen, müssen Sie auf Ihr bewusstes, geplantes Verhalten ebenso Einfluss nehmen wie auf Ihr unbewusstes, automatisches Verhalten!

Träumen, Wagen, Tun …

- Gute Vorsätze allein reichen nicht aus, um Veränderungen zu bewirken. Nur jeder Fünfte bleibt seiner Absicht länger als zwei Jahre treu.

- Das Verhalten ist das schwache Glied zwischen Plan und Ergebnis. Veränderungen kommen in der Regel zum Stillstand, weil wir es nicht schaffen, unser Verhalten dauerhaft zu verändern.

- Fünf Prozent unserer Verhaltensweisen laufen bewusst und geplant, die übrigen 95 Prozent unbewusst und automatisch ab. Dieses automatische Verhalten macht jede Art von Veränderung so schwierig.

»Ich brauchte offenbar eine Krise, um mich verändern zu können«

■ **Sarah (34):** Mutter neunjähriger Drillinge und einer vierjährigen Tochter. Mit Vollzeitjob. Ihr Ehemann arbeitet Teilzeit. Die vergangenen neun Jahre strampelten sich beide gehörig ab. Alles musste im Eiltempo geschehen.

Doch dann wurde Sarah bewusst, dass sie eigentlich ständig müde war und an nichts mehr Spaß hatte. Weder an ihren Kindern noch an ihrem Ehemann oder ihrer Arbeit. Sogar ihrer selbst wurde sie überdrüssig. In dem Beratungsunternehmen, in dem sie beschäftigt war, hatte sie neben ihren Aufgaben als Personalleiterin begonnen, dem geschäftsführenden Direktor Arbeiten abzunehmen.

Das war insgesamt einfach zu viel. »Ich war am Ende meiner Kräfte, was ich jedoch nicht gleich begriff.« Den Anstoß gaben schließlich die Bemerkungen ihrer Kinder. »Wenn Ihr Kind dem Lehrer erzählt, Sie könnten in der Schule nicht mithelfen, weil Mama immer arbeiten muss, wird Ihnen schlagartig klar, wie Ihre Kinder Sie sehen.«

Der erste Schritt in Richtung Veränderung bestand darin, dass Sarah laut aussprach, wie es um sie stand. Zuerst Menschen gegenüber, denen sie sich emotional nicht verbunden fühlte: auf einem Seminar und gegenüber ihrem Coach. Und dann gegenüber ihrem Ehemann. Er war es, der den Ball schließlich ins Rollen brachte.

Sarah war fast schon entschlossen, Heim und Familie zu verlassen, aber ihr Ehemann weigerte sich, sie ziehen zu lassen, und machte sie darauf aufmerksam, wie viel sie selbst zu dieser Situation beigetragen hatte. Das bedeutete nun auch, dass sie die Situation beeinflussen konnte. »Er sagte mir, dass er mich stets und überall unterstützen werde, dass es aber an mir sei, den Prozess in Gang zu setzen. Ganz offensichtlich brauchte ich eine Krise, um für eine Veränderung bereit zu sein.«

Zur selben Zeit stellte sich heraus, dass eine ihrer Töchter an ADHS litt. Das zwang sie, mehr Struktur in ihr Leben zu bringen. In einer Familie, in der jeder ständig auf und ab rennt, kann ein solches Kind nicht klarkommen. Deshalb hängen heute am Kühlschrank zwei Wochenkalender: einer mit den Aktivitäten der Kinder und einer mit den Aktivitäten der Eltern. Sarah findet, dass die Situation dadurch viel entspannter geworden ist. Anfänglich waren die Kalender für die ADHS-kranke Tochter gedacht, doch es stellte sich heraus, dass diese Organisationsform allen mehr Ruhe brachte.

»Zuerst wollte ich mich nicht auf diese Struktur festlegen lassen, aber als ich sah, dass es funktionierte, habe ich meine Meinung rasch geändert.«

Heute halte ich vor allem deswegen durch, weil ich sehe, was ich zurückbekomme.

Mittlerweile werden mehr Ruhepausen eingeplant. Am Sonntagabend beispielsweise gehen die Kinder früh zu Bett. Sarah und ihr Ehemann kochen und essen gemeinsam zu Abend. Der Sonntag ist bei ihnen Familientag. Verwandtenbesuche sind tabu – die sechs Familienmitglieder bleiben unter sich und unternehmen gemeinsam etwas. Das fühlt sich gut an und bringt Ruhe ins Familienleben. Um mehr Zeit gemeinsam verbringen zu können, wurden Aktionen außerhalb der Familie für diesen Tag auf ein Minimum reduziert. Die Reaktionen der Umwelt waren nicht immer positiv, aber wenn Sie den Menschen ehrlich sagen, was Sie wollen und was Sie nicht wollen, können Sie manches Missverständnis ausräumen. Bei der Arbeit bestand Sarah fortan darauf, sich auf ihr eigenes Aufgabenfeld zu konzentrieren, und fand damit auch Gehör.

»Ich musste mich zwingen, nicht locker zu lassen. Häufig fange ich etwas mit großer Begeisterung an, nur um schon nach kurzer Zeit das Interesse zu verlieren. Es kostet viel Zeit und Mühe, bis du die Früchte deiner Veränderungsbemühungen ernten kannst. Ich halte durch, weil ich entsprechende Vereinbarungen mit meiner Familie getroffen habe. Mein Ehemann ist sehr konsequent. Und die Kinder haben sich an das System gewöhnt. Tatsächlich gelang es ihnen sogar rascher, sich auf die neuen Regeln einzustellen, als mir selbst. Hier findet ganz klar etwas statt zwischen mir, meinen Kindern und meinem Mann, und der Prozess ist noch lange nicht abgeschlossen. Heute halte ich vor allem deswegen durch, weil ich sehe, was ich zurückbekomme. Ich bin ein viel glücklicherer Mensch geworden.«

Träumen, Wagen, Tun …

- Veränderungen beginnen bei Ihnen selbst. Sie sind für Ihr eigenes Verhalten und damit auch für seine Veränderung verantwortlich.

- Häufig ist eine schmerzvolle Konfrontation mit der Wirklichkeit die Vorausetzung dafür, dass wir bereit sind, uns auf mögliche Veränderungen einzulassen.

- Lassen Sie Hilfe zu. Sie brauchen Menschen, die mit Ihnen Vereinbarungen treffen und Sie immer wieder daran erinnern. Auch wenn das schwierig ist.

2.

Und sie wissen nicht, was sie tun

- Woher stammen unsere Gewohnheiten?
- Wie Lust und Unlust unser Verhalten bestimmen
- Warum wir weniger rational sind, als wir meinen

Vor einiger Zeit sprach ich mit dem Betriebspsychologen eines öffentlichen Transportunternehmens in einer großen Stadt. »Wissen Sie«, sagte er, »Busfahrer machen nicht selten komische Dinge, wenn sie am Wochenende mit dem eigenen Auto in die Stadt fahren.« Das wollte ich genauer wissen: »In welchem Sinne komisch?«, fragte ich. »Fahren sie auf der Busspur?« Der Psychologe antwortete: »Das auch, aber sie machen noch seltsamere Dinge. Busfahrern passiert es regelmäßig, dass sie mit ihrem Privatwagen die Bushaltestellen anfahren. Einige halten wirklich an und merken dies erst, wenn sie bereits stehen.«

Die meisten Fahrer sind schockiert, wenn ihnen so etwas passiert. Manche erzählen am nächsten Werktag ihrem Betriebspsychologen davon, weil sie befürchten, dass sie allmählich verrückt werden. Dieser kann sie jedoch beruhigen. Was ihnen widerfährt, ist im Grunde völlig normal.

»Das ist Konditionierung«, meinte der Psychologe. Ein Reiz aus der unmittelbaren Umwelt löst in einem bestimmten Augenblick ein vollkommen automatisches Verhalten aus. Während der Arbeitswoche ist das ein willkommener Mechanismus. Aber an den Wochenenden kann er merkwürdige Blüten treiben.

Der Chicorée-Effekt

Eine andere Form des vollautomatischen Verhaltens: Viele Menschen haben Probleme mit dem einen oder anderen Lebensmittel – fragen Sie, wen Sie wollen. Wer einmal in einer falschen Situation etwas gegessen hat – auf einem schwankenden Schiff oder als er krank war – und sich unmittelbar darauf übergeben musste, wird diese Speise vermutlich viele Jahre lang nicht wieder anrühren.

Psychologen sprechen hier von einer *Geschmacksaversion*. Auf einem Seminar begegnete ich einem Menschen, der auf diesem Gebiet vermutlich der europäische Rekordhalter ist. Als Vierjähriger war er in einem belgischen Krankenhaus gezwungen worden, Chicorée zu essen. Die Schwester, die nach ihm schaute, hielt ihm die Nase zu und stopfte den Chicorée buchstäblich in ihn hinein. Er musste sich augenblicklich übergeben.

Der Mann erzählte: »Jetzt bin ich fünfundsiebzig, aber wenn jemand im Restaurant am Nachbartisch Chicorée bestellt, bitte ich den Kellner jedes Mal, mir einen anderen Platz zu geben. Diese Aversion ist mittlerweile über siebzig Jahre alt.«

Das ist auch eine Form der Konditionierung. Wir essen etwas und verspüren unmittelbar darauf einen kräftigen, schmerzhaften Reiz. Unser Gehirn erzeugt eine Verbindung, die wir unser Leben lang nicht mehr loswerden.

Wie entstehen Gewohnheiten?

Automatisches Verhalten funktioniert ähnlich wie eine altmodische Jukebox oder – um eine moderne Version zu verwenden – ein MP3-Player. Man drückt auf einen Knopf und automatisch erklingt ein bestimmtes Lied.

Ein Knopfdruck, und die entsprechende Verhaltensweise folgt von selbst.

Ganz ähnlich verhält es sich mit unseren Gewohnheiten. Ein äußerer Reiz löst bei uns eine Verhaltensreaktion aus. Der Busfahrer nimmt im Augenwinkel ein bestimmtes Zeichen wahr und spult automatisch das Programm ab, das ihn auf die Haltespur fahren lässt. Ein Knopfdruck, und die entsprechende Verhaltensweise folgt von selbst.

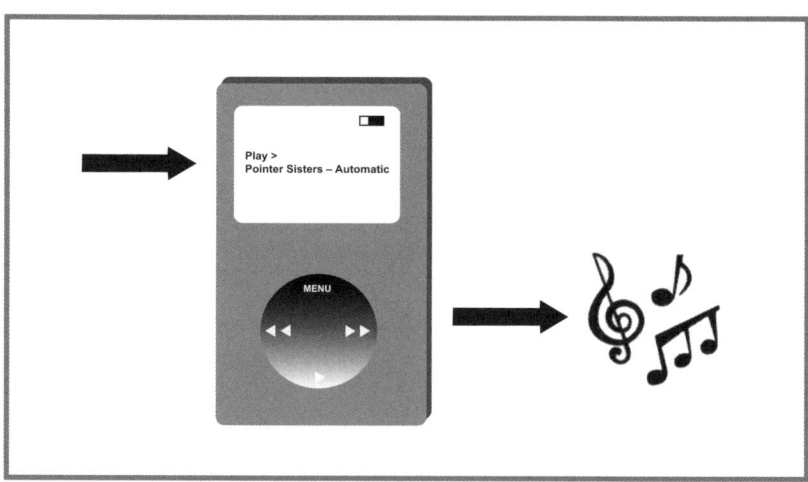

Die Ablauf ist derselbe wie bei einem MP3-Player. Man drückt auf einen Knopf, und das Verhalten startet automatisch.

Nun könnten Sie natürlich fragen, wie dieses Lied überhaupt in die Jukebox oder den MP3-Spieler kommt. Das geschieht doch wohl nicht automatisch, oder?

Hier gibt es mehrere Antworten:

- Am häufigsten erwerben wir neue Verhaltensweisen auf dem Wege der unmittelbaren Erfahrung. Wir probieren alles Mögliche aus. Manches davon funktioniert, anderes nicht. Wir speichern diese Erfahrungen in unserem Gedächtnis ab, und wenn wir uns in einer ähnlichen Situation wiederfinden, spielen wir das damit assoziierte Verhalten erneut ab.
- Aber wir können auch aus simulierten Erfahrungen lernen. Wir machen uns Gedanken darüber, wie wir ein bestimmtes Arbeitsproblem lösen, wie wir mit unserem Partner ein bestimmtes Gespräch führen wollen und so weiter. Auch wenn diese Methode weniger starke Eindrücke hinterlässt als das reale Erlebnis, bestückt sie unseren MP3-Player mit neuen Songs.
- Außerdem können wir aus den Erfahrungen anderer Menschen lernen: indem wir sie bei ihrem Tun beobachten und ihren Erklärungen lauschen. Wir lernen von anderen in der Schule, bei der Arbeit, in der Familie, beim Fernsehen, aus Büchern, Zeitungen, Radio und Film. Diese Form des Lernens prägt sich ebenfalls weniger stark ein als das eigene Erleben, aber auch sie speichert neue Songs auf unserem MP3-Player.

Lust und Unlust

Wie kommt es, dass einzelne Songs auf unserem MP3-Player zu einem Hit werden und andere in Vergessenheit geraten? Wie wird aus einzelnen Verhaltensweisen eine Gewohnheit, ein Automatismus? Die Antwort ist eigentlich sehr einfach. Ein Verhalten, das in uns *unmittelbar* ein gutes Gefühl – Lust – erzeugt, wird zum Hit. Und ein Verhalten, das *unmittelbar* ein schlechtes Gefühl – Unlust – nach sich zieht, wird kein Hit.

Lust und Unlust oder gar Schmerz, Belohnung und Strafe, gutes und schlechtes Gefühl … Der Verhaltensautomatismus nimmt zu, wenn wir damit Unlust vermeiden beziehungsweise Lust erzeugen können.

Und umgekehrt nimmt der Automatismus ab, wenn er nichts bewirkt oder, schlimmer noch, Unlust oder Schmerz verursacht.

»Lust« und »Schmerz« sind »große« Worte. In der Praxis genügen sehr schwache Signale. Jemand schaut uns freundlich an, wenn wir einen Laden betreten. Das empfinden wir als Belohnung. Oder jemand schaut uns irgendwie seltsam an, wenn wir eine Frage stellen. Das empfinden wir als Bestrafung.

Dieses Muster funktioniert allerdings nur, wenn Strafe oder Belohnung unmittelbar auf das Verhalten folgen. Sonst fällt es unserem Gehirn schwer, eine Verbindung zu ziehen. Belohnungen, die erst Stunden nach einem bestimmten Verhalten erfolgen, werden von unserem Gehirn nicht mehr damit in Verbindung gebracht.

Ein einfaches Beispiel: Wenn Sie viele Wochen am Stück trainieren und einige Kilogramm abnehmen, zieht Ihr Gehirn eine klare Verbindung zwischen dem Training und den Anstrengungen, die Sie dafür unternehmen müssen. Die Verbindung zwischen Training und Gewichtsverlust ist sehr viel schwächer. Deshalb können Sie lange Zeit – selbst wenn Sie bereits die Resultate sehen – intuitiv eine Abneigung gegen ein Verhalten hegen, das eigentlich sehr gut für Sie ist.

Auch »intelligentes« Verhalten ist konditioniert

Wenn Reize aus dem unmittelbaren Umfeld unser Verhalten steuern, bezeichnen wir diesen Vorgang als Konditionierung. Wörtlich bedeutet dies, dass die Bedingungen (»Konditionen«) unseres Umfelds bestimmen, was wir tun.

Wir können zwischen zwei Arten von Bedingungen oder Reizen unterscheiden:

- Reize, die dem Verhalten vorausgehen: ein Signal, das unser Gehirn veranlasst, ein bestimmtes Verhalten auszulösen. Denken Sie an die Schilder an der Bushaltestelle.

- Reize, die auf das Verhalten folgen: Lust oder Unlust / Schmerz unmittelbar im Anschluss an das Verhalten sind Signale, die unser Gehirn veranlassen, bestimmte Songs oder Verhaltensweisen häufiger oder aber seltener abzuspulen. Denken Sie an den Brechreiz, nachdem wir etwas Ungenießbares gegessen haben.

In den Augen der meisten Menschen betrifft das Phänomen der Konditionierung nur »einfache« Verhaltensmuster. Aber das stimmt sicherlich nicht. Lesen Sie den folgenden Text:

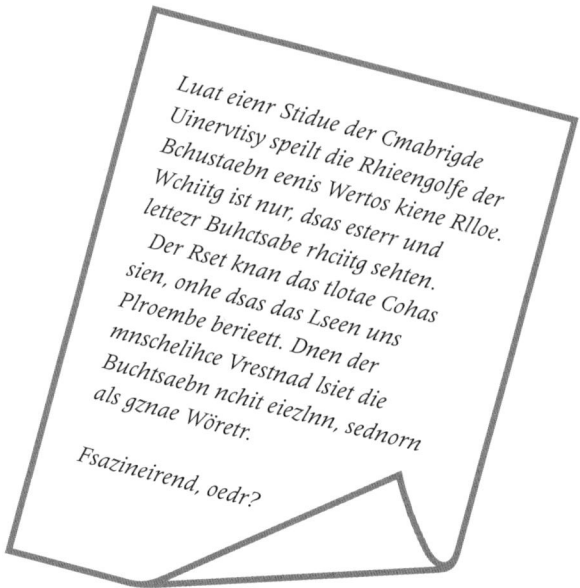

Luat eienr Stidue der Cmabrigde Uinervtisy speilt die Rhieengolfe der Bchustaebn eenis Wertos kiene Rlloe. Wchiitg ist nur, dsas esterr und lettezr Buhctsabe rhciitg sehten. Der Rset knan das tlotae Cohas sien, onhe dsas das Lseen uns mnschelihce Vrestnad lsiet die Plroembe berieett. Dnen der Buchtsaebn nchit eiezlhn, sednorn als gznae Wöretr.

Fsazineirend, oedr?

Das ist die Jukebox oder der MP3-Player in voller Aktion! Drücken Sie ein paar Mal auf die Knöpfe und schon zeigt sich das entsprechende Verhalten. Einige Reize aus der Umwelt genügen, und flugs schreit Ihr Gehirn: »Cambridge«. Wenn Sie wollen, können Sie verhindern, dass Sie das Wort laut aussprechen. Aber Sie können Ihr Gehirn nicht daran hindern, den Song in Ihrem Kopf abzuspielen.

Das ist ein eigentümliches Merkmal der Konditionierung: Sie können sie nicht verhindern! Zumindest verspüren Sie den Drang zu einem bestimmten Verhalten. Und wenn Sie es nicht bewusst stoppen, wird es vollkommen automatisch abgespult. Mehr noch: Die Songs bleiben in der Regel für viele Jahre auf Ihrem MP3-Player. Und wenn Sie sie gelegentlich hören oder wenn sie starke Lust- oder Unlustgefühle erzeugen (denken Sie an den Chicorée-Effekt), verschwinden sie nie.

Automatische Überzeugungen

Auch unsere Erwartungen, Vorurteile, unwillkürlichen Vorahnungen, unsere Sympathie für andere Menschen oder unsere spontane Abneigung, kurz: die Überzeugungen, die unser Denken maßgeblich bestimmen, stammen aus Erfahrungen, die wir im Lauf unseres Lebens gemacht haben.

Ein Beispiel: Sie bewerben sich bei einem Unternehmen für eine Stelle, und Ihr Aussehen und Ihre Statur erinnern den Personalleiter an seinen einstigen Mathematiklehrer, von dem er während seiner Schulzeit schikaniert wurde. Ihre Chancen, diesen Job zu bekommen, sind von Anfang an gleich null. Selbst wenn Sie alle Fragen richtig beantworten und in sämtlichen Tests die höchste Punktzahl erreichen, wird dieser Personalleiter Sie niemals mögen.

Sie bewerben sich bei einem Unternehmen für eine Stelle, und Ihr Aussehen und Ihre Statur erinnern den Personalleiter an seinen einstigen Mathematiklehrer ...

Manchmal kommt uns die Konditionierung sehr gelegen. Man denke an das Beispiel vom Busfahrer, der die Haltestellen vollkommen automatisch anfährt und sich so auf andere wichtige Dinge konzentrieren kann. Und manchmal ist die Konditionierung eine wahre Plage. Wenn derselbe Busfahrer am Wochenende im eigenen Auto an der Bushaltestelle anhält und seine Kinder sich auf dem Rücksitz schlapp lachen.

Was kommt zuerst: Absicht oder Verhalten?

Viele Menschen denken, dass wir in der Regel erst etwas wollen und dann entsprechend handeln. Und – so nehmen sie an – nach der wiederholten Ausführung dieser geplanten, bewusst gewählten Schritte wird daraus allmählich eine Gewohnheit.

Die psychologische Forschung hat jedoch gezeigt, dass es auch umgekehrt geht. Wenn wir neue Verhaltensweisen ausprobieren und dieses Verhalten zu angenehmen, unmittelbaren Resultaten führt, entwickeln wir die bewusste Absicht, dieses Verhalten zu wiederholen. In diesem Fall folgt die Überzeugung auf das Verhalten.

Angenommen, Sie verbringen Ihren Urlaub im Ausland. Im Restaurant rät Ihnen der Kellner zum Überraschungsmenü. Einer der Gänge ist ein Gericht, das Sie noch niemals probiert haben, das Ihnen aber nun vorzüglich schmeckt. Wenn Sie das nächste Mal ein Restaurant besuchen, erinnern Sie sich an dieses Gericht und suchen auf der Speisekarte danach, um es vielleicht zu bestellen. Oder – eine andere Möglichkeit – Sie entscheiden sich noch einmal für das Überraschungsmenü, weil Sie das letzte Mal so gut damit gefahren sind.

Eigentlich ist uns das alles bekannt. Ich beispielsweise bin der Ansicht, dass Frauen genauso viele Chancen haben sollten wie Männer. Könnte es sein, dass das damit zu tun hat, dass ich Vater von vier lebenslustigen und wissbegierigen Töchtern bin?

Aber es geht noch weiter. Wenn ich auf meinem Fahrrad sitze, ärgere ich mich über die Rücksichtslosigkeit der Autofahrer. Aber wenn ich hinterm Steuer meines Autos sitze, finde ich, dass sich die Fahrradfahrer zu viel Freiheiten herausnehmen. Klingt das bekannt?

Wie rational sind wir eigentlich?

Jetzt denken Sie vielleicht: »Es sieht ganz so aus, als seien viele unserer ›rationalen‹ Gedanken lediglich in Worte übersetzte Bauchgefühle. Stellen unsere Argumente und Diskussionsbeiträge nicht häufig nur überarbeitete Wiedergaben unserer ersten automatischen Reaktion dar?«

Ich persönlich bin davon überzeugt, dass viele Gespräche – mit sich selbst und mit anderen – genau so ablaufen. Wir formulieren unsere intuitiven Ideen, ohne uns Gedanken darüber zu machen, woher sie stammen. Und wie wir gesehen haben, ist die Intuition manchmal ein guter und manchmal ein schlechter Ratgeber.

Wir formulieren unsere intuitiven Ideen, ohne uns Gedanken darüber zu machen, woher sie stammen.

Wenn wir den Entschluss gefasst haben, in unserem Leben etwas zu verändern, und wenn davon auch Gewohnheiten betroffen sind – und, glauben Sie mir, das ist fast immer der Fall –, müssen wir anfangs gegen unsere vertrauten Gefühle arbeiten. Die ersten Wochen und manchmal sogar Monate müssen wir Dinge tun, die sich in der Vergangenheit nicht gut anfühlten, die uns unangenehm sind oder gar quälen.

Genau das macht es häufig so schwer, Dinge zu verändern. Und genau deswegen bleiben viele Menschen lieber ihren alten, ineffektiven Gewohnheiten treu, als sich auf eine neue Lebensweise einzustellen, die langfristig die besseren Resultate liefert.

Glücklicherweise gibt es ein paar Techniken, mit denen wir unser Gehirn austricksen können. Wir können dafür sorgen, dass die Songs auf unserem MP3-Player, die gut für uns sind, uns bislang aber vorrangig Schmerzen bereitet haben, künftig mit Lustgefühlen einhergehen. Auf diese Weise können wir uns in die richtige Richtung konditionieren. Ich werde darauf später zurückkommen.

Träumen, Wagen, Tun …

■ Automatisches Verhalten funktioniert wie ein MP3-Player. Nach einem oder mehreren Reizen aus unserem Umfeld – wie wenn ein Knopf gedrückt wird – folgt automatisch eine bestimmte Verhaltensweise.

■ Verhaltensweisen, die unmittelbar zu angenehmen Konsequenzen führen, kommen automatisch immer öfter zum Tragen. Verhaltensweisen, die unmittelbar zu negativen Konsequenzen führen, werden automatisch gemieden.

■ In vielen Fällen ist auch ein »intelligentes« Verhalten konditioniert. Häufig sind unsere Erwartungen und vorgefassten Meinungen das Ergebnis einer oder mehrerer konkreter Erfahrungen.

»Jeden Abend zählen wir die Punkte«

■ **Peter (40),** verheiratet mit Carla, ist Vater dreier Kinder im Alter von zwölf, zehn und fünf Jahren. Lange versuchte er seine Kinder so zu »führen«, wie es die meisten Menschen tun: indem er sie einerseits lobte und belohnte und andererseits, wo nötig, zurechtwies.

Er war damit allerdings nicht besonders erfolgreich. In der Regel achtete er viel zu sehr auf die Dinge, die ihm nicht gefielen, und viel zu wenig auf die Dinge, die funktionierten. Das führte zu zahlreichen Auseinandersetzungen.

In den Ferien las Peter das Buch *Can Do!* und begann darüber nachzudenken, wie er die empfohlenen Strategien in seiner eigenen Familie anwenden konnte, wie er die gewohnten Verhaltensmuster in seiner Familie aufbrechen konnte. »Bald wurde mir klar, was dazu nötig war, und ich sprach nach unserer Rückkehr mit meiner Frau darüber. Am nächsten Tag weihten wir unsere Kinder ein. Die gewünschte Taschengelderhöhung bekamen sie nicht; dafür konnten sie sich aber sehr viel mehr hinzuverdienen – auf der Basis eines Punktesystems. Die Kinder konnten sagen, was sie gegebenenfalls für ihre Punkte haben wollten: Spielzeug, einen Kinobesuch, McDonald's und so weiter. Sie notierten allerlei Dinge und wir ordneten jedem davon eine Punktezahl zu. So entstand eine Liste mit Wünschen und den Punkten, die erforderlich waren, um sie zu bekommen. Auch über diese Liste sprachen wir mit unseren Kindern.«

»Natürlich fragten sie als Erstes, was sie für die Punkte tun mussten. Wir sagten ihnen, wie einfach das war: ›Ihr braucht nur eure Zähne zu putzen und bekommt einen Punkt. Und wenn ihr euer Bett macht, bekommt ihr einen weiteren Punkt.‹ Auch die Kinder hatten Ideen: duschen, die Haustiere füttern, sich im Auto anschnallen. Viele Punkte gab es fürs Rasenmähen oder Einkaufen. Mit diesen Tätigkeiten ließen sich mehr Punkte verdienen, aber sie waren nicht verpflichtend. Jeden Abend nach dem Essen rechneten wir die Punkte zusammen.«

Das Punktesystem funktioniert und die Kinder verwenden es bis heute. »Nach zwei Wochen ließ ihr Eifer etwas nach. Und wenn sie ihre Punkte gegen eine Belohnung eingetauscht hatten, fiel ihnen der Neuanfang schwer. Wir einigten uns deshalb auf eine Untergrenze von 500 Punkten, damit das Konto niemals leer wird. Ich hätte nicht gedacht, dass das System so gut funktioniert, und staune über die positive Verstärkungswirkung. Wir achten mehr auf das, was die Kinder gut machen, und weniger auf das, was nicht läuft. Die Atmosphäre zu Hause ist besser geworden, seit wir nicht mehr so viel über diese Themen diskutieren.«

Natürlich gibt es immer Tage, an denen nicht alles so glattgeht. »Anfangs wurden wir schnell ungeduldig. Selbstkontrolle ist in solchen Situationen sehr wichtig. Wenn Sie Ihren Kindern Wahlmöglichkeiten geben, dürfen Sie sie ihnen nicht sogleich wieder wegnehmen. Wenn eine Tätigkeit in »Vergessenheit« zu geraten droht, erhöhen wir den Anreiz. Wenn eines der Kinder beispielsweise sein Bett nicht macht, erhöhen wir die Punktzahl, die es fürs Bettenmachen gibt. Das funktioniert. Als wir das System für einen Monat versuchsweise aussetzten, zeigte sich, dass sich einige Dinge, wie das Zähneputzen, verselbstständigt hatten. Anderes jedoch, zum Beispiel das Tischdecken, unterblieb einfach. Daraus war noch keine Gewohnheit geworden. Manches lernt man möglicherweise nie. Auch ich bin nicht gerade ein Meister im Tischdecken.«

Peter stellte fest, dass er auch sein eigenes Verhalten auf den Prüfstand stellen musste. »Das war vermutlich der schwerste Teil. Am Anfang waren wir nämlich davon ausgegangen, dass wir selbst nicht Bestandteil des Veränderungsprozesses sein würden. Doch dann wurde uns klar, dass unsere Kinder auch von uns erwarteten, dass wir etwas tun. Ein Beispiel: Es ist jetzt ausgeschlossen, dass ich auf das Anschnallen verzichte. Mein eigenes Verhalten ist mir bewusster geworden; und ich habe stets im Hinterkopf, dass ich eine Vorbildfunktion erfüllen muss.«

Träumen, Wagen, Tun ...

- Wir neigen dazu, besonders auf das zu reagieren, was nicht funktioniert. Daraus resultieren häufig Diskussionen und Konflikte.

- Wenn Sie gemeinsam mit Ihrer Familie oder anderen Menschen etwas verändern wollen, sollten Sie alle Betroffenen aktiv an der Entwicklung des Systems beteiligen.

- Das Messen und Belohnen von Fortschritten trägt unmittelbar Früchte. Dieser Ansatz bewährt sich besonders bei Verhaltenweisen, die nicht »automatisch« als lohnend empfunden werden.

3. »Überraschung«: Verluste zählen doppelt

- Das Missverhältnis zwischen Lust und Schmerz
- Welche Nebenwirkungen haben Bestrafungen?
- Warum Belohnungen am Ende besser funktionieren

Als unser viertes Kind unterwegs war, entschlossen meine Frau und ich uns zu einer Ultraschalluntersuchung, um unser ungeborenes Kind einmal in Aktion zu sehen. Für mich war dieses Erlebnis sehr eindrucksvoll. Als Vater fühlt man sich gelegentlich weniger unmittelbar an der Entwicklung des ungeborenen Kindes beteiligt, weil man seine Gegenwart nicht ständig spüren kann. Da hilft es sehr, wenn man das Kind auf einmal so klar auf dem Bildschirm vor sich hat.

Die Ärztin erzählte uns etwas, was durchaus zum Thema dieses Buches passt. Sie ließ uns zunächst die Töne hören, denen das Kind seit Monaten Tag für Tag ausgesetzt war: die Herztöne meiner Frau. Ein steter Rhythmus, der sich auf rund 130 Schläge pro Minute verdichten kann, aber meistens um die 80 Schläge pro Minute schwankt. »Das ist es, was Ihr Kind in all diesen Monaten hört. Und wenn das Kind geboren wird, verschwindet dieses Geräusch plötzlich. Es ist hell und Eindrücke unterschiedlichster Art strömen auf das Kind ein. Kein Wunder, dass der Säugling dies mit Geschrei quittiert. Um es zu beruhigen, reicht es, wenn Sie es der Mutter an die Brust legen. Sobald es den steten Herzschlag vernimmt, fühlt es sich wieder sicher und geborgen.«

Verlustaversion

Häufig heißt es, der Mensch hege eine natürliche Abneigung gegen Veränderungen. Das ist nicht wahr. Was dem Menschen zu schaffen macht, ist nicht die Veränderung an sich, sondern der Verlust. Wenn eine Veränderung ohne allzu viel Mühe, Schmerz oder Verlust unmittelbar zu einer Verbesserung der eigenen Situation führt, beklagt sich niemand. Wenn eine Veränderung hingegen langfristig eine Situationsverbesserung verspricht, zuerst aber persönlichen Einsatz – in Form von Zeit, Geld, Energie, Aufmerksamkeit oder Aufgabe gewisser Sicherheiten – erfordert, wird es schwierig.

Was dem Menschen zu schaffen macht, ist nicht die Veränderung an sich, sondern der Verlust.

Der Psychologe Daniel Kahneman gehört zu den Ersten, die dieses Phänomen im Detail beschrieben haben. Er prägte dafür den Begriff *Verlustaversion*. Verlustaversion ist den Menschen angeboren. Ob Eskimo, australischer Ureinwohner, Europäer oder Amerikaner – der Verlust einer uns gehörenden Sache trifft uns deutlich härter, als uns eine vergleichbare Belohnung oder ein entsprechender Gewinn Freude bereitet. Das Verhältnis liegt etwa bei zwei / zweieinhalb zu eins. Angenommen, wir sind bereit, einen Kilometer zu laufen, wenn wir dafür 100 Euro bekommen. Um dieselben 100 Euro nicht wieder zu verlieren, wären wir bereit, zweieinhalb Kilometer zu laufen.

Viele Forscher erkennen darin einen unmittelbaren Zusammenhang mit dem Überlebensinstinkt. Gefahren und Bedrohungen stellen demnach für Lebewesen wie Sie und mich einen viel größeren Handlungsanreiz dar, weil sie einen stärkeren Einfluss auf unsere Überlebenschancen haben. Klingt logisch.

Verstehen

Als ich mich erstmals mit Kahnemans Forschungsergebnissen befasste, wurden mir plötzlich viele Dinge klar.

- Ich verstand, warum Menschen schlagartig zu einer Veränderung bereit sind, wenn sie sich einer Bedrohung gegenübersehen. Man denke etwa an einen Menschen, der mühelos von einem Tag zum nächsten das Rauchen einstellt, nachdem ihm sein Arzt erzählt hat, dass eine Amputation seiner Beine unumgänglich sei, wenn er nicht unverzüglich mit dem Rauchen aufhört.

- Ich verstand auch, warum so viele Menschen sich gegen Veränderungen sperren. Seien es Veränderungen am Arbeitsplatz oder von der Politik beschlossene Reformen. Häufig bringen solche Veränderungen für viele Menschen langfristig Verbesserungen, fordern aber kurzfristig von einigen den Verzicht auf bestimmte Dinge wie Sicherheit, Privilegien, Zeit, Geld, Job oder Status.

Seien wir ehrlich: Bei individuellen Veränderungen sieht es nicht anders aus. Langfristig geht es Ihnen sicherlich besser, wenn Sie sich gesünder ernähren und sich mehr bewegen, aber hier und jetzt müssen Sie auf einige lieb gewonnene Dinge verzichten. Langfristig versprechen Fortbildung und Stellensuche einen interessanten neuen Job. Zunächst jedoch müssen Sie dafür einen Großteil Ihrer Freizeit opfern und in Bewerbungsgesprächen so manche persönliche Niederlage einstecken. Bei rationaler und bewusster Planung spricht vieles für eine solche Investition. Auf der intuitiven, unbewussten Ebene fühlt es sich hingegen falsch an, dafür auf so viele Dinge, die uns wichtig sind, zu verzichten.

Bemerkenswert

Vielleicht haben Sie schon einmal ein Seminar zum Thema »Positiv denken« besucht oder ein entsprechendes Buch gelesen und daraus gelernt, dass es ratsam ist, nicht in *Problemen* zu denken, sondern in allen Dingen stets die *Herausforderung* und die *Chance* zu sehen. Aber das stimmt gar nicht!

Die motivierende Kraft eines realen Problems ist viel größer als die motivierende Kraft einer Chance. Deshalb ist es im Gegenteil auch viel effektiver, wenn Sie bei jeder Chance nach den Problemen fragen, die Sie damit lösen können. Sofort erhöht sich Ihre Motivation um den Faktor zwei bis zweieinhalb. Ich sage das so halb im Spaß – und halb auch nicht. Dass Strafen und Bedrohungen so viel mehr wiegen als Belohnungen und Chancen, führt zu einer Reihe ganz erstaunlicher Phänomene.

So ist es beispielsweise sehr schwierig, motiviert zu bleiben, solange keine *realen* Probleme existieren. Im Eröffnungskapitel dieses Buches erwähnte ich, dass ich noch vor wenigen Jahren 25 Kilo zu viel wog. Inzwischen habe ich mittels der Technik, die ich in den Kapiteln vier bis zehn beschreiben werde, mehr als 22 Kilo abgenommen. Nachdem ich meine Essgewohnheiten in mehrerlei Hinsicht dauerhaft verändert habe, fällt es mir nicht mehr schwer, mein gegenwärtiges Gewicht zu halten. Umso mehr Mühe bereiten mir die verbleibenden überzähligen Pfunde. Seien wir ehrlich: Drei Kilo zu viel ist etwas ganz anderes als 25 Kilo zu viel.

»Gut ist der Feind von ausgezeichnet«, schrieb der amerikanische Managementexperte Jim Collins. Und er trifft damit den Nagel auf den Kopf. Das erklärt, warum so viele Menschen in ihre alten Gewohnheiten zurückfallen, nachdem sie sich vorübergehend ins Zeug gelegt und ihr Ziel zeitweilig erreicht haben.

Ob es darum geht, abzunehmen, an der eigenen Karriere zu basteln, in die eigene Partnerschaft zu investieren oder sich selbst zu verwirklichen – sobald die akuten, ernsten und realen Probleme aus dem Gesichtsfeld geraten, schwindet auch die Motivation, und der alte Schlendrian hält wieder Einzug.

Ein weiteres Phänomen

Ein weiteres bemerkenswertes Phänomen: Weil wir Schmerz und Verlust so viel Beachtung schenken, sind wir auch so empfänglich für Strafen und Drohungen. Daraus erklärt sich die Beliebtheit dieser Instrumente in der Kinderziehung und auch sonst im zwischenmenschlichen Umgang. Und wann machen wir besonders gern von Strafen und Drohungen Gebrauch? Richtig! Wenn wir befürchten, selbst etwas zu verlieren.

Ein gutes Beispiel sind meine Versuche, zu Hause zu arbeiten, während ich gleichzeitig auf meine Töchter aufpasse. Wie funktioniert das? Ich sitze mit meinem Laptop am Küchentisch. Ich versuche, zu telefonieren, etwas zu schreiben und E-Mails zu bearbeiten. Nebenbei spielen meine Kinder. Solange das gut geht, achte ich nicht auf sie. Das ist nur logisch; ich versuche so viel wie möglich zu erledigen.

Ich bestrafe meine Kleinen und sage ihnen, was alles Schreckliches passieren wird, wenn sie so weitermachen.

Aber sobald ich in meiner Arbeit unterbrochen werde, weil die Mädchen beispielsweise zu zanken beginnen, greife ich ein. Ich bestrafe meine Kleinen und sage ihnen, was alles Schreckliches passieren wird, wenn sie so weitermachen. In der Regel funktioniert das sofort, und ich kann weiterarbeiten – zumindest eine Zeit lang.

Ich könnte die vier stattdessen auch für die Phasen, in denen sie friedlich spielen, belohnen. Das würde meine Aussichten auf eine ruhige Arbeitszeit sicherlich verbessern. Aber ich tue es nicht. Denn dazu müsste ich meine eigene Arbeit unterbrechen und das wäre für mich eine Form von Verlust. Wenn ich dann schließlich durch das Verhalten meiner Kinder unterbrochen werde, greife ich ein, weil ich daran interessiert bin, meine Arbeit fortzusetzen.

Und außerdem: Die unmittelbare Wirkung meiner Drohung oder Strafe auf ihr Verhalten ist sehr viel stärker (etwa um den Faktor zweieinhalb), sodass ich mit meiner Arbeit ohne Verzug fortfahren kann.

Unterdessen hat mein Gehirn folgende Verbindung geschaffen: Die Bestrafung der Kinder geht mit einer sofortigen positiven Wirkung für mich selbst einher. Eine Belohnung der Kinder hingegen kostet mich im ersten Augenblick etwas. Die Folge: Intuitiv und automatisch entwickele ich eine Präferenz für die Bestrafung als Erziehungsmethode.

Warum Bestrafung langfristig nicht funktioniert

Strafen und Drohungen wirken Wunder, wenn es darum geht, sich und andere zu disziplinieren. Aber nur kurzfristig. Zudem gibt es da einige Nachteile.

Erstens neigen die Menschen dazu, in einer Bedrohungssituation nur genau das zu tun, was von ihnen verlangt wird, und kein bisschen mehr. Wenn ich meine Kinder unter Drohungen dazu überreden kann, das Chaos in ihren Zimmern zu beseitigen, sieht es anschließend oberflächlich ordentlich aus. Aber wenn ich die Schränke öffne, fällt mir der ganze Kram entgegen. Das ist nur logisch. Ihr einziges Ziel war es ja, der Strafe zu entgehen, aber nicht, einen Preis für das ordentlichste Zimmer zu gewinnen.

Außerdem neigen wir dazu, unser Verhalten nur angesichts einer unmittelbaren Bedrohung zu verändern. Ich nenne das den *Radarfalleneffekt*. Wie das geht, sieht man überall dort, wo entlang der Straße ein Starenkasten steht. Die Autofahrer kommen zunächst angerast, fahren dann brav im vorgegebenen Tempo, solange es sein muss, und geben anschließend wieder Gas.

Manche Menschen stellen sich einmal wöchentlich vor Zeugen auf die Waage. Sie hoffen, dass ihnen dies genug Anreiz bietet, um abzunehmen. Die übliche Folge ist jedoch, dass sie vor dem Wiegen einige Tage lang disziplinieren, nur um sich anschließend desto mehr gehen zu lassen.

Und wer seine Mitarbeiter mit Drohungen zu einem bestimmten Verhalten »motivieren« will, verliert seine Autorität, sobald er den Raum verlassen hat.

Unter der exzessiven Nutzung von Strafen und Drohungen leidet letztendlich jede Beziehung. In der Regel assoziieren die Menschen eine Strafe oder eine Drohung nicht mit ihrem eigenen Verhalten, sondern mit der Person, die die Strafe verhängt oder die Drohung ausspricht. Und wenn es dann wirklich einmal darauf ankommt, stellen Sie fest, dass Sie über keine Autorität mehr verfügen. Und dass sogar Menschen, die Ihnen lieb und teuer sind, ein »Chicorée-Gefühl« bekommen, wenn Sie den Raum betreten.

Wer seine Mitarbeiter mit Drohungen zu einem bestimmten Verhalten »motivieren« will, verliert seine Autorität, sobald er den Raum verlassen hat.

Damit Sie mich nicht falsch verstehen: Mit Strafen und Drohungen meine ich nicht nur die großen Gesten und die Kraftausdrücke. Ein missbilligender Blick, ein ostentativer Seufzer oder ein Augenverdrehen sind häufig deutlich genug und treffen den Adressaten mitunter ebenso hart.

Belohnungen sind besser

Wenn wir für unser Verhalten belohnt werden, erzeugt unser Gehirn eine Verbindung zwischen dem Verhalten und der Belohnung. Das schafft einen automatischen Anreiz, dasselbe Verhalten öfter zu zeigen. Aber aufgepasst: Es handelt sich nicht um die bewusste Entscheidung für eine Belohnung, nicht um eine Überlegung wie: »Hm, für dieses Verhalten bekomme ich eine Belohnung. Dann will ich mich mal häufiger so verhalten.« So funktioniert die Sache nicht.

Ein anschauliches Beispiel dafür ist die Art, wie man Kindern hilft, nicht mehr ins Bett zu machen. Heute ist es gängige Methode, die Kinder für trockene Nächte zu belohnen. Manche Eltern arbeiten mit Klebebildchen, andere mit kleinen Geschenken oder mit vergnüglichen Aktivitäten. Überraschenderweise hören die meisten Kinder bereits nach wenigen Tagen auf, ins Bett zu machen. Die Verbindung zwischen der Belohnung und dem gewünschten Verhalten funktioniert demnach sogar im kindlichen Schlaf.

Verhaltensforscher wissen seit den Sechzigerjahren, dass eine Belohnung des gewünschten Verhaltens viel besser wirkt als eine Bestrafung des unerwünschten Verhaltens. Positive Verstärkung, wie die Belohnung des gewünschten Verhaltens genannt wird, hat sich als sehr effektiv erwiesen.

Anstatt zum alten unerwünschten Verhalten zurückzukehren, sobald die Drohung oder Strafe aufhört, setzen wir das gewünschte Verhalten fort, wenn wir uns darin positiv bestärkt fühlen. Theoretisch – und manchmal auch praktisch – so engagiert, wie es uns überhaupt möglich ist.

Bei Belohnungen gilt es jedoch einige Regeln zu beachten:

- Die Belohnung muss sofort oder unmittelbar nach dem gewünschten Verhalten erfolgen. Wenn Sie damit zu lange warten, wird die Belohnung nicht mehr mit dem richtigen Verhalten verknüpft.
- Belohnungen müssen maßgeschneidert sein. Ein Lob oder eine materielle Belohnung (ein Geschenk oder Geld) ist nur dann wirksam, wenn diese Belohnung vom Adressaten auch als solche empfunden wird.
- Wenn jemand von sich aus ein bestimmtes Verhalten gewählt hat, weil es ihm so gefällt, können übertriebene Belohnungen die Bereitschaft, sich aus freien Stücken so zu verhalten, untergraben. Am Ende ist der Betreffende nur dann noch bereit, dieses Verhalten fortzusetzen, wenn er auch weiterhin die einmal gewährte Belohnung bekommt.
- Bei immateriellen Belohnungen wie beispielsweise Komplimenten tritt dieses Problem nicht auf. Sie stehen unbegrenzt zur Verfügung und fördern zudem das Verhältnis der Betreffenden.

Vier zu eins

Positive Verstärkung hat also auch den Vorteil, dass sie sich vorteilhaft auf die Beziehung auswirkt. Wiewohl wir dazu neigen, Belohnungen mit dem Verhalten in Zusammenhang zu bringen, für das wir belohnt werden, können sie uns auch die Person, die die Belohnung vergibt oder das Lob ausspricht, sympathischer machen.

Wenn wir also uns selbst oder andere für ein ge-wünschtes Verhalten loben, führt das automatisch zu einer angenehmeren Beziehung. Diverse Verhaltens-forscher vertreten die These, dass eine menschliche Beziehung nur dann eine echte Chance hat, wenn wir zwischen Belohnungen und Strafen ein Verhält-nis von vier zu eins wahren. Mit anderen Worten: Wer dreimal belohnt und einmal straft, fängt wieder bei null an. Wer viermal belohnt und einmal straft, bringt die Beziehung einen kleinen Schritt weiter.

Wer dreimal belohnt und einmal straft, fängt wieder bei null an.

Wir verbessern eine zwischenmenschliche Beziehung nur dann, wenn zwischen Belohnung und Strafe ein Verhältnis von mindestens vier zu eins besteht.

Über meine Erfahrungen mit der häuslichen Berufstätigkeit habe ich bereits berichtet. Als ich zum ersten Mal von der Vier-zu-eins-Regel hörte, habe ich eines Mittags die Situation zwischen mir und meinen Kindern beobachtet. Leider musste ich feststellen, dass das Verhältnis zwischen Belohnungen und Strafen eher bei eins zu vier als andersherum lag. Daraus musste ich folgern, dass die Kombination von Arbeit und Beaufsichtigung der Kinder für die Beziehung zu meinen Töchtern nicht gerade förderlich war.

Vor einiger Zeit kam ein Ministerialbeamter auf die Idee, dass es besser sei, Autofahrer für Wohlverhalten zu belohnen, als sie für Fehlverhalten zu bestrafen. Bonuspunkte, wenn sie in Ortschaften nicht schneller als fünfzig Stundenkilometer fahren, anstatt geblitzt zu werden, wenn sie schneller als sechzig fahren. Zum Beweis wollte er in einigen Autos Systeme installieren, die das Fahrverhalten aufzeichneten.

Die Idee fand keinen Beifall. »Ist der völlig verrückt geworden?«, fragte ein Parlamentarier. »Würden Sie einen Dieb dafür belohnen, dass er nicht bei Ihnen einbricht?« Ein anderer Kommentar: »Das eigene Fahrverhalten für ein Geschenk ändern? Ich bezweifle, dass die Leute das täten. Im Gegenteil, wir müssen die Wahrscheinlichkeit, dass Missetäter für ihre Tat büßen müssen, erhöhen.«

Häufig wollen wir einfach nicht wahrhaben, dass Belohnungen auf lange Sicht effektiver sind als Strafen, sagt uns doch unsere Alltagserfahrung, dass sich mit Strafen so viel mehr bewirken lässt. Zumindest, solange wir nicht allzu genau darüber nachdenken.

Träumen, Wagen, Tun ...

- Die Menschen scheuen nicht vor der Veränderung, sondern vor dem Verlust zurück. Ein drohender Verlust beeindruckt uns zwei- bis zweieinhalbmal so stark wie eine Chance.

- Langfristig jedoch sind Drohungen und Strafen ineffektiv. Sie provozieren keine optimale Leistung. Sie wirken nur unter strikter Aufsicht. Und sie schaden unseren Beziehungen.

- Belohnungen haben keine negativen Nebenwirkungen. Ein Verhältnis von vier zu eins zwischen Belohnungen und Strafen (vollzogenen oder angedrohten) ist ein erprobter Maßstab für den konstruktiven Umgang mit sich und anderen.

»Ich wusste, dass ich mit meinem Gewicht nicht mehr lange zu leben hatte«

■ **Ida (28)** beschloss, ihre Lebensweise grundlegend zu ändern, und nahm daraufhin binnen Jahresfrist 74 Kilo ab. Aus 150 wurden 76 Kilo. Schon als Kind war sie rundlich gewesen und hatte auch immer schon versucht abzunehmen. Sie tat es vorrangig anderen zuliebe und nicht, weil sie selbst es wirklich wollte. Sie verspürte nicht die rechte Motivation. Bis ihr, wie sie selbst sagt, ein Licht aufging.

»In einem bestimmten Augenblick machte etwas Klick. Ich wusste, dass ich lange leben wollte, aber mit diesem Gewicht standen meine Chancen schlecht. Ich musste besser auf mich aufpassen.«

Anfangs wusste Ida nur, dass sie *gesünder* leben wollte. Ein konkretes Ziel, wie viel Kilogramm sie abnehmen wollte, hatte sie nicht. Jedes Kilo weniger war gut.

Als Erstes suchte Ida nach einem Fitnessstudio, das ihr zusagte. »Ich trat einem sehr kleinen Fitnessklub mit den unterschiedlichsten Leuten bei. Dick, dünn, groß und klein. Dort fühlte ich mich wohl. Bei meinem ersten Besuch wurde mir klar, was ich mir angetan hatte. Auf dem Crosstrainer hielt ich nicht einmal fünf Minuten durch. Am nächsten Tag ging ich wieder hin und immer so weiter. Mittlerweile besuche ich den Klub seit anderthalb Jahren jeden Tag.«

Außerdem begann Ida, sich anders und gesünder zu ernähren. »Ich achtete wirklich darauf, was ich aß, und zählte die Kalorien. Anfangs hatte ich ständig Appetit auf alle möglichen ungesunden Sachen, aber indem ich nach gesunden Alternativen Ausschau hielt, überwand ich diese Sucht nach zwei Monaten. Nachdem ich bereits so viele Anläufe zum Abnehmen gemacht hatte, wusste ich inzwischen ja genau, was ich essen durfte. Nur hatte ich mein Wissen bislang nie wirklich angewendet. Ich nahm rasch ab und musste mir jede Woche neue Klei-

Ich muss mich immer noch an mich selbst gewöhnen.

dung kaufen. Ich muss mich immer noch an mich selbst gewöhnen. Ich schaue in den Spiegel und staune über den Menschen, den ich dort sehe.«

Es kostete Ida gar nicht so viel Mühe, sich gesünder zu ernähren und sich mehr zu bewegen. Es fiel ihr vergleichsweise einfach, bei ihrem Entschluss zu bleiben, weil die Erfolge sofort sichtbar wurden. Was ihr zu schaffen machte, waren die Reaktionen der Umwelt. »Die Leute fragten mich, ob ich krank sei, ob ich denn ständig ins Fitnessstudio rennen müsse und ob es nicht Zeit sei, mit dem Fasten aufzuhören. Und ich erfuhr zum ersten Mal, was die Menschen über mich gedacht hatten, als ich noch stark übergewichtig war. Es gab auch Menschen, die mich plötzlich ansprachen, die sich mit mir verabreden oder einen Kaffee mit mir trinken wollten. Schon verrückt.

Ich versuche weiterhin, mein Gleichgewicht zu finden. Was kann ich essen und was nicht? Ich steige jeden Morgen auf die Waage. So weiß ich, dass ich nicht zugenommen habe, und alles ist gut. Ich habe mein Gewicht ständig im Blick und zähle die Kalorien. Das gibt mir Sicherheit. Außerdem achte ich auf eine gesunde Ernährung und darauf, dass ich mich ausreichend bewege. Das hat mir schließlich so viel Energie gegeben, auf die ich niemals mehr verzichten will. Daher brauche ich mich auch nicht vor einem Rückfall zu fürchten. Ich bin jetzt stärker und glücklicher und habe das Gefühl, ein ganz anderer Mensch geworden zu sein. Ich habe viel mehr Freude an allem, was ich tue.«

Träumen, Wagen, Tun …

■ Häufig wissen wir, was für uns richtig ist, tun es aber nicht. Echte Veränderungen setzen am Verhalten an und erfordern Aufmerksamkeit, Zeit und Energie.

■ Finden Sie einen neuen Lebensstil, der zu Ihnen passt. Suchen Sie nach guten Alternativen zu den alten ineffektiven Gewohnheiten. Wichtige Veränderungen sind nicht für den Augenblick, sondern für die Ewigkeit.

■ Durchhalten ist eine Kunst für sich. Manchmal dürfen Sie nicht aufhören, Ihr Verhalten und Ihre Erfolge zu messen und zu dokumentieren, wenn Sie Ihren »Gewinn« behalten wollen.

4. Veränderung in mehreren Schritten: Träumen, Wagen, Tun

- Was denken Menschen, die einen Veränderungsprozess hinter sich haben?
- Die drei Phasen, die jeder durchläuft
- Von schnellen Kicks zu langsamen Erfolgen

Wenn Sie nachts fernsehen, betreten Sie eine magische Welt von Produkten, die es in gewöhnlichen Läden nicht zu kaufen gibt. Jeweils in den ersten Monaten nach der Geburt unserer Kinder sahen meine Frau und ich diese Teleshopping-Programme rund um die nächtlichen Stillzeiten. Wir staunten nicht schlecht über die Dinge, die von *Tell Sell* und anderen TV-Stores angeboten wurden, aber wir hatten auch viel Spaß beim Zuschauen.

In der Regel werden in diesen Programmen Produkte angepriesen, mit denen Sie Ihr Leben ohne jede Mühe ändern können. Regelmäßig wird Ihnen suggeriert, dass Sie reich werden können, ohne zu arbeiten, Wissen erwerben können, ohne zu studieren, und ohne sportliche Anstrengung fit werden können. Nur zu gern möchten wir das alles glauben. Auch ich griff mitunter mitten in der Nacht zum Telefonhörer. »Ben, du hast doch nicht etwa vor, da anzurufen!?«, meinte meine Frau jedes Mal. Und ich darauf im Halbschlaf: »Und wenn es wirklich funktioniert?«

Von Natur aus bevorzugen wir die sofortige Befriedigung unserer Bedürfnisse. Und Anbieter wie *Tell Sell* machen sich diesen Mechanismus zunutze. Weil er funktioniert. Weil er Erfolg verspricht. Mit dieser Art von mitternächtlichen Verkaufsmarathons wird viel Geld gemacht.

Aber wenn ich ehrlich bin, muss ich zugeben, dass die Dinge, auf die es im Leben wirklich ankommt, einem anderen Prinzip gehorchen. Alles, was mich im Leben glücklich und dankbar macht, kostet mich entweder Blut, Schweiß und Tränen, oder es fällt mir in den Schoß, ohne dass ich dazu eine gebührenfreie Nummer zu wählen brauche.

Veränderungen erfolgen schrittweise

Fast alle Menschen, die in ihrem Leben erfolgreich etwas verändert haben, sagen hinterher: »Das hätte ich mal früher machen sollen!« Diese Aussage kommt Ihnen vermutlich bekannt vor.

Andererseits benötigt jeder, der vor einer wichtigen Veränderung steht, etwas Zeit, um sich die Sache durch den Kopf gehen zu lassen. Wenn Sie wirklich etwas Wichtiges in Ihrem Leben verändern wollen, machen Sie sich in aller Regel bereits Jahre vorher Gedanken darüber. Schritt für Schritt nähern Sie sich dem Augenblick, in dem Sie beschließen, den Sprung zu wagen. Bisweilen ist kein bestimmter Auslöser erkennbar. Doch in den meisten Fällen werden Sie unsanft mit der Realität Ihres Gesundheitszustands, Ihrer Beziehung, Ihres persönlichen Wohlbefindens, Ihres Körpergewichts oder Ihres beruflichen Werdegangs konfrontiert, wobei Sie so etwas in der Art vielleicht schon länger befürchtet oder geahnt haben. Auch in den Interviews dieses Buches spielen externe Anstöße häufig eine ausschlaggebende Rolle.

Der amerikanische Psychologieprofessor James Prochaska hat festgestellt, dass Menschen in Veränderungsprozessen mehrere Phasen durchlaufen:

1. Die Phase vor der Erwägung der Veränderung (Latenzphase)
2. Die Erwägung der Veränderung
3. Vorbereitung der Veränderung
4. Durchführung der Veränderung
5. Absicherung der Veränderung

Manchmal wird gesagt, dass man für eine Veränderung »reif sein« muss. Ganz falsch ist das nicht. Prochaska entdeckte, dass viele der angebotenen Diätprogramme deswegen nicht funktionieren, weil sie nicht der Phase entsprechen, in der sich die Menschen gerade befinden.

Viele Veränderungs-programme funktionieren nicht, weil sie nicht der Phase entsprechen, in der sich die Menschen gerade befinden.

Wenn Sie noch darüber nachdenken, ob Sie Ihr Leben verändern wollen, bringt es nichts, sich jemanden zu suchen, der einem bei der Durchführung hilft. Wenn Sie aber entschlossen sind, mit der Veränderung Ernst zu machen, haben Sie keine Lust, sich durch ein Buch zu quälen, das mit der Entscheidungsfindung beginnt.

Träumen, Wagen, Tun

Dieses Buch beschäftigt sich im Wesentlichen mit den Phasen zwei bis fünf aus Prochaskas Liste. Das ist logisch, denn wenn Sie noch nicht einmal über eine Veränderung nachdächten, hätten Sie sich wohl kaum dieses Buch gekauft.

- Mit *Träumen* meinen wir das, was Prochaska als Erwägungs-beziehungsweise Vorbereitungsphase bezeichnet.
- *Wagen* bezieht sich auf die Phase der Vorbereitung.
- *Tun* umfasst die Durchführungs- und die Absicherungsphase.

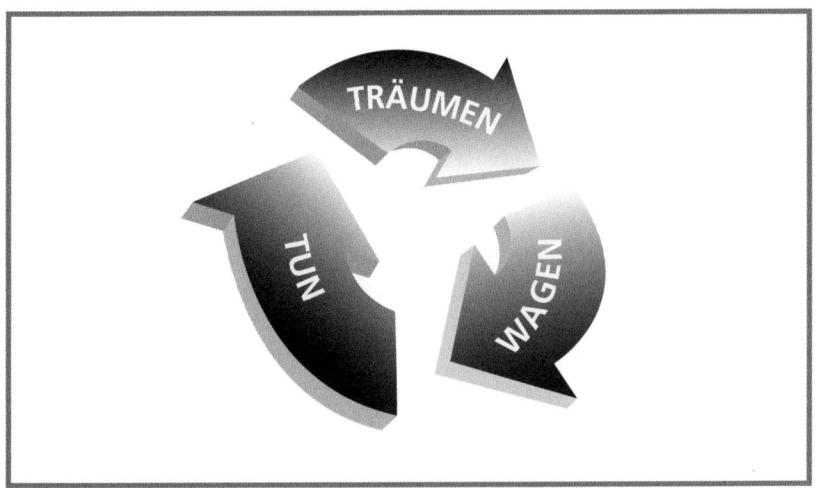

In diesem Buch unterscheiden wir zwischen drei Phasen: der Phase des Träumens, der Phase des Wagens und der Phase des Tuns.

In den folgenden Kapiteln erhalten Sie detaillierte Erklärungen; an dieser Stelle soll deshalb zunächst ein Überblick über die drei Phasen genügen.

Die Phase des *Träumens:* Häufig wissen wir, dass wir in unserem Leben etwas verändern wollen, oder wir sind mit bestimmten Dingen unzufrieden, ohne dass wir genau sagen könnten, was wir wollen und welche Art von Verhalten dazu erforderlich ist. In dieser Phase machen wir unsere Träume konkret. Was wollen wir erreichen? Wohin soll die Reise gehen? Und welche Art von Verhalten ist dafür erforderlich? Der Zweck dieser Phase besteht darin, *zielorientierte und konkrete Verhaltensabsichten zu formulieren.*

Die Phase des *Wagens:* Viele Menschen glauben, dass jeder Versuch, das eigene Verhalten zu verändern, von vornherein zwecklos ist. Sie rechnen fest mit Krisensituationen, in denen sie in ihre alten, ineffektiven Gewohnheiten zurückfallen werden. Der Gedanke daran reicht aus, um sie zu paralysieren, bevor sie überhaupt angefangen haben. Deshalb sollten Sie sich auf Krisensituationen gezielt vorbereiten. Es gibt einige gute Techniken, mit denen Sie Ihre Erfolgsaussichten enorm verbessern können. Der Zweck dieser Phase besteht darin, *sich gründlich auf kritische Situationen vorzubereiten.*

Die Phase des *Tuns:* Ein altes Verhaltensmuster abzulegen und dann bei der neuen Verhaltensform zu bleiben, ist in der Regel weit schwieriger, als es auf den ersten Blick erscheinen mag, gründliche Vorbereitung hin oder her. Die unmittelbaren Folgen unserer Verhaltensumstellung, ob Lust oder Unlust / Schmerz, entscheiden darüber, ob wir damit fortfahren oder nicht. Indem Sie Ihren Fortschritt unmittelbar messen und belohnen, bringen Sie Ihrem Gehirn bei, aus dem neuen Verhalten eine Gewohnheit zu machen. Der Zweck dieser Phase besteht darin, *mit dem gewünschten Verhalten zu beginnen und die Fortschritte zu messen, zu belohnen und aufrechtzuerhalten.*

In jeder Phase treiben Sie den Veränderungsprozess ein Stück voran und verstärken Ihre Selbstkontrolle. Aber jeder Schritt setzt stets erneuten persönlichen Einsatz und Motivation voraus.

In allen drei Phasen liegt der Fokus auf dem *Verhalten.* Den meisten Psychologen scheint der Zusammenhang zwischen Veränderungen und Verhalten so selbstverständlich zu sein, dass sie sich nicht die Mühe machen, ausdrücklich darauf hinzuweisen. In den vielen Workshops, die ich in den zurückliegenden Jahren geleitet habe, musste ich jedoch immer wieder feststellen, dass viele Menschen zwar wissen, welches Endresultat sie mit der Veränderung erreichen wollen, dass ihnen aber nicht hinreichend klar ist, dass dazu konkrete, praktische Verhaltensänderungen erforderlich sind.

Meine Methode zielt darauf, dass Ihre bewussten Intentionen und Ihre automatischen Neigungen nicht gegeneinander arbeiten, sondern einander verstärken.

Viele langfristige Ziele gehen mit kurzfristigen Enttäuschungen einher. Auch wenn wir mit reiner Willenskraft eine Weile durchhalten, kommt früher oder später der Augenblick (wenn wir beispielsweise gestresst oder erschöpft sind), in dem sich unser Autopilot einschaltet und uns zu unseren alten ineffektiven Gewohnheiten zurückleitet. Wir wollen uns deshalb vorrangig auf unser unbewusstes, automatisches Verhalten konzentrieren. Denn solange wir unsere Gewohnheiten nicht kontrollieren, kontrollieren sie uns!

Schnelle Kicks

In Kapitel zwei haben wir gelernt, dass unser unbewusstes, automatisches Verhalten überwiegend von Lust- und Unlustreizen gesteuert wird, die unmittelbar nach einem bestimmten Verhalten auf uns einwirken. Eben deshalb fällt es uns so schwer, viel Zeit und Mühe in etwas zu investieren, was sich erst langfristig bezahlt macht.

Als Oberschüler hatte ich die Angewohnheit, immer erst unmittelbar vor den Klassenarbeiten zu lernen. Ich hätte sofort damit beginnen können, nachdem der jeweilige Termin feststand. Ich hätte die Arbeit in gleich große Portionen aufteilen und das Pensum ohne Stress bewältigen können. Tat ich aber nicht. Ich *wusste*, dass es so besser gewesen wäre, aber ich *fühlte* die Notwendigkeit dazu nicht.

Wenn bereits echter Zeitdruck besteht und die Stunde der Wahrheit naht, raffen sich die Menschen auf und setzen zum Endspurt an.

Wenn hingegen bereits echter Zeitdruck besteht und die Stunde der Wahrheit naht, raffen sich die Menschen auf und setzen zum Endspurt an. Und das gilt für alle Menschen auf dieser Erde gleichermaßen. Unabhängig von Herkunft, Kultur und Glaube. Es handelt sich also um etwas, was der Spezies Mensch angeboren zu sein scheint. Und übrigens auch den Affen. Auch sie lassen sich unter natürlichen Bedingungen mit ihren Pflichten Zeit und kümmern sich erst kurz vor Torschluss darum.

Dass wir auf kräftige Reize ganz schnell reagieren, führt häufig zu großen Problemen. So entstehen Abhängigkeiten. Auf den Drogenkonsum folgt unmittelbar ein so starkes Belohnungsgefühl, dass sich die Verbindung in unser Gehirn geradezu einbrennt. Und wenn die Wirkung der Droge mit der Zeit nachlässt, geht das mit sehr unangenehmen Gefühlen einher. Das Verlangen nach der zuvor erlebten Belohnung und die Angst vor der drohenden Bestrafung veranlasst unser Gehirn dazu, den Körper erneut mit Drogen zu »versorgen«. So funktioniert das mit Rauchen, Trinken und Kokain, aber auch mit Fast Food und anderen harmlos scheinenden Suchtmitteln. Ziemlich hinterhältig eigentlich. Drogen und viele andere Dinge, die im ersten Augenblick ein Hochgefühl erzeugen, ruinieren zuerst unsere Denkfähigkeit und am Ende unser Leben.

Der in diesem Buch verfolgte Ansatz zielt darauf ab, diese Art von kurzfristigem Hochgefühl zu vermeiden und das Interesse stattdessen auf Dinge zu lenken, die eine etwas länger anhaltende Kraftanstrengung erfordern. Und die aus demselben Grund zu wirklich zufriedenstellenden Resultaten führen.

Denken Sie an die Liebe. Einmal im Jahr vor dem Geburtstag des Partners einen Endspurt einzulegen, reicht einfach nicht. Liebe will täglich und über lange Zeit gehegt und gepflegt sein. Und sie verlangt, dass wir regelmäßig unsere kurzfristigen Interessen zurückstellen. Ein anderes gutes Beispiel ist das Abnehmen. Wer allzu rasch seine Pfunde verliert, wiegt in mehr als 90 Prozent der Fälle nach einem Jahr mehr als vor Beginn seiner Schnelldiät. Nur wenn es uns gelingt, unsere Lebensweise nachhaltig zu verändern, fühlen wir uns auch nachhaltig besser.

Langsame Erfolge

Wichtige gezielte Veränderungen in unserem Leben erfordern die Überwindung des natürlichen Bedürfnisses nach rascher Wunscherfüllung. Dazu ist es notwendig, dass wir unsere angeborenen oder durch Konditionierung erworbenen Gewohnheiten verändern. Oder besser gesagt: Wir müssen unsere alten, ineffektiven Gewohnheiten ablegen und neue, effektive Gewohnheiten annehmen. Dass dieser Prozess manchmal viel Zeit und Mühe verlangt, wird wohl niemanden überraschen. Und sei es nur, weil unsere gegenwärtigen Gewohnheiten, auch wenn sie uns langfristig mehr schaden als nutzen, ein Gefühl der Sicherheit vermitteln. Deswegen machen Gewohnheiten ja auch so süchtig.

Der berühmte Psychologe Carl Rogers war der Ansicht, jeder solle in seinem Leben mindestens zwei Dinge lernen: ein gewisses Maß an Unsicherheit akzeptieren und es aushalten, dass Belohnungen manchmal auf sich warten lassen. Das Erlernen beider »Fähigkeiten« kann Jahrzehnte in Anspruch nehmen. Es ist ein Prozess voller Höhen und Tiefen, der uns wachsen und reifen lässt und aus uns einen erwachsenen, verständigen und vielleicht sogar weisen Menschen macht.

Was mich immer besonders überrascht, wenn ich mit weisen, alten Menschen spreche, die es gelernt haben, Traurigkeit und Unsicherheit zu akzeptieren und das Verlangen nach sofortiger Bedürfnisbefriedigung zugunsten wichtigerer Dinge zurückzustellen, ist, dass sie eben nicht voll unerfülltem Verlangen sind. Sie haben ihre erwachsene Lebenseinstellung nicht durch reine Willenskraft und Disziplin erworben. Im Gegenteil, sie verstehen es, die andere Art, das Leben zu nehmen, wirklich zu genießen.

In dem Augenblick, in dem wir beschließen, die unmittelbare Befriedigung eines Bedürfnisses zurückzustellen oder ganz darauf zu verzichten, erhalten wir dafür eine andere unmittelbare Belohnung: das Gefühl, dass wir uns richtig entschieden haben. Das Gefühl, etwas geschafft zu haben, sich selbst unter Kontrolle zu haben. Dieses Gefühl verstärken wir mit jeder Veränderung, die wir im Leben erfolgreich in Angriff genommen haben. Langsam, aber sicher machen wir die Erfahrung, dass wir, so chaotisch das Leben auch häufig verlaufen mag, einige wichtige Dinge in unserem Leben richtig machen können. Wir können unser eigenes zielorientiertes Verhalten steuern und selbst bestimmen, wie wir auf Situationen reagieren, die ihrerseits außerhalb unserer Kontrolle liegen.

Träumen, Wagen, Tun ...

- Veränderungen erstrecken sich über mehrere Phasen. In der ersten Phase, der Phase des *Träumens*, geht es um die Formulierung zielorientierter und konkreter Verhaltensintentionen.

- Der Zweck der zweiten Phase, der Phase des *Wagens*, besteht in der gründlichen Vorbereitung auf die schwierigsten Momente des Veränderungsprozesses. Damit verhindern wir, dass wir in die alten, ineffektiven Gewohnheiten zurückfallen.

- Die dritte Phase ist die Phase des *Tuns*. In dieser Phase messen wir den Fortschritt in Bezug auf das gewünschte Verhalten, belohnen uns dafür und arbeiten daran, es aufrechtzuerhalten.

»Erst nach mehreren Gesprächen mit meinem Arzt wurde mir bewusst, dass ich an einem Burn-out-Syndrom litt«

■ Familie, Gesundheit und Genießen: Das sind die drei zentralen Werte in **Roberts** heutigem Leben. Ein Burn-out-Syndrom zwang ihn, sich darüber klar zu werden, was für ihn im Leben wirklich zählt.

»Ich arbeitete sechs Jahre lang an einem großen Projekt, das mich sehr interessierte und für das ich mich mächtig ins Zeug legte. Ich schuftete und es machte mir Spaß. Nach dem Projekt erledigte ich allerlei Arbeit von Kollegen, die mit ihrem Pensum nicht durchkamen. Daneben musste ich meine eigene Arbeit bewältigen. In dieser Zeit wurde das Unternehmen restrukturiert, und ich hatte zunehmend den Eindruck, als müsse ich meine Tätigkeit rechtfertigen. Ich fühle mich nicht mehr geschätzt.

Nach meinem Geschmack wurde zu viel geredet und zu viel Zeit vertan. Zur eigentlichen Arbeit kamen wir gar nicht mehr. Es war frustrierend. Ich konnte nur noch schwer Abstand gewinnen und von Tag zu Tag fiel mir die Arbeit schwerer. Ich litt an mir selbst, aber auch unter der Unternehmenskultur. Besonders in den letzten sechs Monaten konnte ich nicht mehr länger als fünf Minuten stillsitzen. Ich war viel zu aufgewühlt und bekam Schuldgefühle, wenn ich nichts tat.

Das Burn-out-Syndrom begann mit einem harmlosen Kribbeln im rechten Arm, in der Regel nachts. Nach einigen Monaten wachte ich regelmäßig von den Schmerzen auf. Bis ich plötzlich nicht mehr in der Lage war, einen Stift zu halten. Die Diagnose lautete Sehnenscheidenentzündung. Wenig später machte auch mein linker Arm Ärger, und es bereitete mir zunehmend Mühe, E-Mails zu verstehen. Alles wuchs mir über den Kopf und ich musste für einige Wochen zu Hause bleiben und mich erholen.

Aber die Symptome verschlimmerten sich weiter. Das Kribbeln breitete sich über den gesamten Körper aus, und ich musste mich ständig bewegen, um die Schmerzen in Grenzen zu halten. Meine

Ruhelosigkeit nahm weiter zu und ich konnte weder schlafen noch mich entspannen. Schließlich konnte ich nicht einmal mehr den Inhalt von Zeitungsartikeln erfassen. Ich verirrte mich regelmäßig und bekam immer häufiger Angstattacken. Erst nach mehreren Gesprächen mit meinem Arzt dämmerte mir, dass ich unter einem Burn-out-Syndrom litt. Etwas, was ich bei mir niemals erwartet hätte.

Als ich mich dazu durchgerungen hatte, Antidepressiva zu schlucken, ging es mir eine Zeit lang noch schlechter. Bis ich eines Morgens aufwachte und alles ganz klar vor mir sah. Ich schrieb auf, was ich dachte, wo die Schwierigkeiten lagen, und begann damit, die Situation zu analysieren. Dank der Medikamente war ich in der Lage, mir darüber Gedanken zu machen und aufzuschreiben, wie es zu dem Burn-out-Syndrom gekommen war, welche Charaktereigenschaften dabei eine Rolle spielten und was mir wirklich wichtig ist. Und dies sind nur drei Dinge: Gesundheit, Familie und Genießen. Sie bilden die Anker, an denen ich alles andere festmache. Auch meine Arbeit. Die Arbeit ist mir immer noch wichtig, aber nicht so wichtig wie früher mal.

Es gibt nur drei wichtige Dinge für mich: Gesundheit, Familie und Genießen.

Es war an der Zeit, etwas zu verändern. Weil mir unser Haus für unsere lebhafte Familie zu klein schien, begann ich, es umzubauen. Ich fand es außerdem wichtig, Zeit für mich selbst zu haben und an einem festen Abend in der Woche Sport zu treiben. Das waren konkrete Dinge, die ich selbst organisieren konnte.

Genießen bedeutet auch, Zeit für Kinder und Partner zu haben. Ich mache jetzt regelmäßig einen Tag frei und wir unternehmen lustige Dinge zusammen. Kleine Dinge, die zu tun mir früher niemals in den Sinn gekommen wären.«

Einige Monate später begann Robert langsam wieder zu arbeiten. »Ich warf alles in den Papierkorb, was noch auf meinem Schreibtisch verblieben war, auch meine E-Mails. Das brauchte ich für meinen Neuanfang. Meine erste Aktion bestand darin, dass ich genau festlegte, was ich tun würde und was nicht. Es ist wichtig, dass man sich einen genauen Rahmen setzt und sein Umfeld darüber informiert. Das ist nicht leicht und führte auch in meinem Fall zu diversen Konflikten. Die Gestaltung des Arbeitsumfeldes bleibt schwierig. Alles in allem habe ich von dieser Erfahrung profitiert. Ich bin heute viel selbstbewusster und trete viel bestimmter auf. Und ich habe gelernt, die Dinge gelassener zu sehen, weil ich jetzt weiß, worauf es *wirklich* ankommt.«

Träumen, Wagen, Tun …

■ Sie sollten wissen, was Ihnen im Leben wirklich wichtig ist. Nehmen Sie sich ausreichend Zeit, um darüber nachzudenken.

■ Setzen Sie sich realistische Ziele. Beginnen Sie mit Dingen, die ganz klar in Ihrer Macht liegen. Beschließen Sie konkret, was Sie tun werden und was Sie nicht tun werden.

■ Wenn eine große Veränderung notwendig wird, müssen Sie sich von der Vergangenheit lösen. Schauen Sie nicht ständig zurück, sondern konzentrieren Sie sich auf die Zukunft und schlagen Sie in Ihrem Leben eine neue Seite auf.

5. Träumen: Wohin des Wegs?

- Wie entscheiden, wonach zu streben es sich lohnt?
- Mehr man selbst sein und sich dennoch verändern – wie geht das?
- Wie soll man mit Überzeugungen verfahren, die einem im Weg stehen?

In der Regel weiß ich ziemlich genau, was mir im Leben etwas bedeutet. Wenn Sie mich fragen, fallen mir Dinge ein wie: Glück, Gesundheit, meine Familie, Frieden. Sie sehen, meine Eltern haben mich gut erzogen. Aber wenn Sie mich öfter beobachten würden, wüssten Sie, dass ich mich regelmäßig über andere aufrege (besonders im Verkehr), mich ungesund ernähre, viel Zeit mit meiner Arbeit verbringe und meine Familie häufiger hintanstelle. Das sind die Unterschiede zwischen bewusster Entscheidung und unbewusstem Verhalten. Wir sprachen bereits darüber.

Zum Glück tue ich manchmal auch Dinge, die mit dem übereinstimmen, was mir im Leben wichtig ist. Manchmal habe ich einen Tag, einen Nachmittag oder vielleicht nur eine Stunde, in der die Balance stimmt und ich das tue, was ich wirklich tun will. In diesen Momenten bin ich mir selbst nicht fremd. Dann bin ich auch einfach ich selbst. Aber mein »besseres Selbst«, könnte man sagen.

Meiner Ansicht nach liegt das Geheimnis von Selbstmanagement, Veränderung und persönlichem Wachstum (oder wie immer Sie es bezeichnen wollen) darin, solche Momente bewusst zu vermehren. *Nicht ein anderer werden, sondern häufiger man selbst sein, wie man in seinen besten Augenblicken ist.*

Niemand will häufiger derjenige sein, der er in seinen schlechtesten Augenblicken ist. Auch Sie nicht. Aber aus dem einen Prozent guter Momente zwei Prozent zu machen, ist etwas, was mir die Mühe wert zu sein scheint. Etwas, was den Menschen, an denen mir etwas liegt, gefallen wird. Und etwas, von dem ich überzeugt bin, dass ich es schaffen kann. Das sind die drei Eigenschaften, die eine gute Entscheidung kennzeichnen.

Nicht ein anderer werden, sondern häufiger man selbst sein, wie man in seinen besten Augenblicken ist.

Ziele setzen

Zielorientiert zu leben, ist etwas, was viele Menschen möchten. Wir wollen, dass unser Leben zu etwas gut ist. Wir wünschen uns, dass unser Leben einen Sinn hat. Andererseits habe ich festgestellt, dass die meisten Menschen große Mühe haben, in wenigen Worten zu formulieren, worin genau dieser Sinn des Lebens besteht. All jene Gurus und Bücher, die mich auffordern, das *ultimative Ziel* meines Lebens zu benennen oder den *einen Traum* zu beschreiben, der das Leben lebenswert macht, lähmen mich eher, als dass sie mich anspornen.

Andererseits: Manche Menschen tragen sich mit dem unbestimmten Gefühl, dass sie in ihrem Leben »etwas« verändern sollten, aber nur wenige versuchen wirklich herauszufinden, was dieses »Etwas« ist. Das führt dann auch nicht viel weiter. Wer sich starker Selbstmanagementtechniken bedient, ohne eine Vorstellung zu haben, was er damit erreichen will, ist wie jemand, der in ein Taxi steigt und dem Fahrer bedeutet, ziellos in der Gegend herumzufahren. »Wohin, ist mir egal.«

Der britische Schriftsteller und Philosoph Alain de Botton meinte in einem Interview: »Um glücklich zu sein, müssen Sie sich selbst kennen; Sie müssen sich mit Ihren Bedürfnissen auskennen und wissen, wie realistisch sie sind. Sie müssen also viel über sich selbst nachdenken. Nur wenigen Menschen gelingt dies, denn Denken ist harte Arbeit. Ermüdende Arbeit.«

Eine Idee, in welche Richtung es gehen soll, eine Vorstellung davon, was Sie tun und was Sie vermeiden wollen, ist wichtig. Als Ausgangspunkt bietet sich eine Warum-Frage an. Zum Beispiel: Warum machen Sie sich die Mühe, Ihr Leben in einigen wichtigen Aspekten bewusst zu gestalten? Ein detaillierter Handlungsplan, der weit über Ihren 90. Geburtstag reicht, wäre hingegen ein bisschen übertrieben. Mein Rat: Halten Sie es einfach. Suchen Sie in Ihrem Leben nach Dingen, die Sie begeistern, und nach Dingen, die Sie enttäuschen. Mit anderen Worten: Stecken Sie Ihren JA- und Ihren NEIN-Bereich ab und skizzieren Sie einen groben Plan. Und fangen Sie an!

Vom NEIN her träumen

Weil Strafen, Drohungen und Verlustängste einen so großen Einfluss auf unser Leben haben, neigen wir von Natur aus dazu, den negativen Elementen in unserem Leben mehr Beachtung zu schenken als den Dingen, die gut laufen. Schlagen Sie eine beliebige Zeitung auf. Schlechte Nachrichten sind dort prominenter vertreten als gute Nachrichten. Einmal alle paar Jahre versucht jemand, eine »Gute-Nachrichten-Zeitung« aus dem Boden zu stampfen. Zuerst finden sich stets viele Menschen, die das für eine glänzende Idee halten, wo es doch schon genug schlechte Nachrichten auf der Welt gibt. Aber meist dauert es nicht lange, bis die Zeitung mangels Lesern wieder eingestellt wird.

Diese Konzentration auf den NEIN-Bereich in unserem Leben ist gut fürs Überleben. Und in den meisten Umgebungen können Sie mit einer negativen Meinung durchaus punkten. Aber zu viel Aufmerksamkeit für den NEIN-Bereich behindert uns in unserer Entwicklung.

Allzu leicht versinken wir in Pessimismus und bleiben an unser negatives Selbstbild gefesselt. Manchmal ist das geradezu gefährlich. Aus Untersuchungen über Unternehmer, die scheitern, geht hervor, dass die Betreffenden in der Regel in den Monaten vor der Pleite zu wenig auf Dinge achten, die gut laufen – und möglicherweise die Rettung bringen könnten –, sondern ausschließlich auf das starren, was in ihren Unternehmen schiefläuft.

Bei solchen Geschichten muss ich immer an Kaninchen denken. Kaninchen pflegen so lange in die Scheinwerfer eines auf sie zufahrenden Autos zu starren, bis der Moment kommt, in dem sie überfahren werden. Das ist nicht besonders intelligent. Aber es sind ja auch bloß Kaninchen. Wir Menschen sollten es eigentlich besser wissen.

Kaninchen pflegen so lange in die Scheinwerfer eines auf sie zufahrenden Autos zu starren, bis der Moment kommt, in dem sie überfahren werden.

Heißt das, dass der NEIN-Bereich verbotenes Gebiet ist? Sicher nicht. Drohende Probleme können eine starke Triebkraft für Veränderungen sein. Wir haben darüber bereits ausführlich gesprochen. Es schadet nicht, sich klarzumachen – und zwar so lebhaft wie möglich –, welche Probleme durch schlechte Gewohnheiten verursacht werden. Wichtig ist allerdings, dass wir uns nicht vom NEIN-Bereich vereinnahmen lassen. Sorgen, Probleme und drohende Verluste sollten Anreiz sein, nach Lösungen zu suchen. Und diese Lösungen finden sich im JA-Bereich.

Vom JA her träumen

Der JA-Bereich ist die Summe Ihrer besten Momente in Ihrem bisherigen Leben. Momente, die Ihnen auch jetzt noch im Rückblick ein gutes Gefühl geben. Ich meine damit Erfahrungen, die Ihnen nicht nur in einem bestimmten Augenblick einen schnellen Kick verschafften, sondern die tiefe Spuren in Ihrem Leben hinterlassen haben.

Unsere weiteren Entwicklungsmöglichkeiten sind im JA-Bereich angesiedelt. Und hier sollten wir auch nach Lösungen für Probleme suchen, denen wir im NEIN-Bereich begegnen. Noch einmal: Sie brauchen sich nicht ständig im JA-Bereich aufzuhalten. Die Frage lautet jedoch: Was ist effektiver? Sich zwei Stunden lang beklagen? Oder sich eine halbe Stunde beklagen und die restlichen anderthalb Stunden nach Lösungen suchen?

Im ersten Kapitel habe ich die drei Faktoren, die für die Bildung unserer Absichten ausschlaggebend sind, bereits genannt:

1. Wir wollen, dass unsere Absichten sinnvoll sind; es muss also ein Nutzen vermutet werden.
2. Wir wünschen uns, dass Menschen, die uns wichtig sind, unsere Absichten gutheißen.
3. Wir müssen überzeugt sein, dass wir in der Lage sind, unsere Absichten in die Tat umzusetzen.

Diese drei Punkte helfen Ihnen bei der Erkundung Ihres JA-Bereichs. Es kommt darauf an, dass Sie die richtigen Fragen stellen. Fragen wie diese:

- Für welche Dinge in Ihrem privaten Leben sind Sie dankbar? In welchen Augenblicken haben Sie das angenehme Gefühl, dass sich eins zum anderen fügt?
- Womit können Sie sich viele Stunden am Stück beschäftigen, ohne dass es Ihnen lästig wird?
- Welche gesellschaftlichen Themen begeistern Sie? Für welche TV-Doku beispielsweise bleiben Sie länger wach?
- Was sind die geistig-seelischen Höhepunkte Ihres Lebens? In welchen Augenblicken haben Sie das Gefühl, dass Ihr Leben einen Sinn hat?
- In welchen Momenten erfahren Sie die Wertschätzung von Menschen, die Ihnen wichtig sind?
- Wann merken Sie, dass Sie etwas können? Welche Art von Aktivitäten oder beruflichen Aufgaben vermittelt Ihnen dieses Gefühl?

Diese Fragen sind leichter gestellt als beantwortet. Aber glauben Sie mir, es lohnt sich, sich mit ihnen auseinanderzusetzen. Sobald Sie ein paar vorläufige Antworten auf diese Fragen gefunden haben, könnte die wichtigste aller Fragen folgen: die Frage, die Ihnen hilft, Ihre eigene Richtung zu finden.

Versuchen Sie, laut zu träumen: *Wie sähe das Leben aus, wenn diese Momente nicht die Ausnahme, sondern die Regel wären? Versuchen Sie sich das einmal ernsthaft und konkret vorzustellen.*

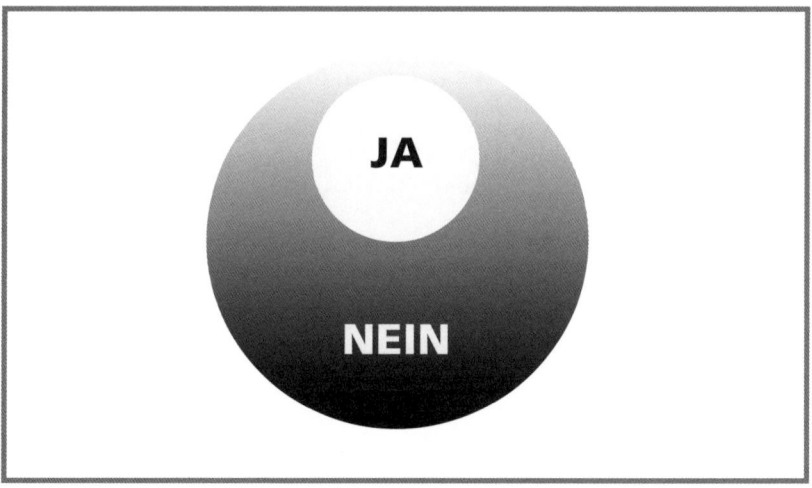

Häufig verbringen wir zu viel Zeit im NEIN-Bereich und zu wenig Zeit im JA-Bereich unseres Lebens.

Einige Traumvorschläge

Indem Sie eine Liste Ihrer besten Momente erstellen, erhalten Sie eine klarere Vorstellung von der Richtung, die zu Ihnen passt. Falls sie immer noch zu vage ist, habe ich ein paar Vorschläge für Sie. Ich beziehe mich dabei auf Erkenntnisse des amerikanischen Psychologen Martin Seligman, des Gründers des Zentrums für Positive Psychologie an der Universität von Pennsylvania. Seligman untersuchte die objektiven und messbaren Faktoren des menschlichen Glücks. In seiner Liste unterscheidet er zwischen Umständen und Tugenden.

Die wichtigsten fünf Umstände sind:

1. In einem wohlhabenden, demokratischen Land leben
2. Ein umfangreiches soziales Netzwerk unterhalten
3. Verheiratet sein
4. An Gott glauben
5. Negative Gefühle vermeiden

In der Regel sind die Umstände das Ergebnis einer ganzen Reihe von Bemühungen und können nicht einfach »hervorgezaubert« werden. Es sind auch keine Dinge, die man mal so vorübergehend tut. Andererseits hilft mir diese Liste dabei, festzustellen, was anzustreben der Mühe wert ist und was nicht. Sie hilft mir, meine Richtung zu finden.

Einige Umstände, von denen Millionen Menschen denken, dass sie uns glücklich machen, haben keinerlei Wirkung.

Seligman stellte außerdem fest, dass einige Umstände, von denen Millionen Menschen denken, dass sie uns glücklich machen, keinerlei Wirkung haben. Hier sind einige Beispiele:

- Mehr Geld verdienen
- In ein warmes Land umziehen
- Gesund bleiben
- Die bestmögliche Ausbildung erhalten

Das sind Dinge, die zwar nicht zu verachten sind, aber in der Regel den Menschen nur vorübergehend ein gutes Gefühl verschaffen. Das durch sie erzeugte Glücksgefühl hält bestenfalls ein paar Monate an. Für ein erfülltes Leben spielen diese Faktoren demnach keine entscheidende Rolle.

Sieben Tugenden zum Träumen

Seligman weist uns darauf hin, dass es neben den Umständen, die es anzustreben lohnt, auch noch Tugenden gibt, die das Leben lebenswert machen. Nicht von ungefähr taucht eine Reihe von Lebensregeln in fast allen bedeutenden Lebensphilosophien und Religionen auf. Viele Menschen machen die Erfahrung, dass solche Tugenden ihrem Leben Sinn und Bedeutung verleihen. Traditionell wird hier zwischen vier natürlichen menschlichen und drei übernatürlichen oder theologischen Tugenden unterschieden:

Die vier natürlichen Tugenden sind:

- Klugheit / Umsicht: das Bestreben, so weise und vernünftig wie möglich zu handeln
- Mäßigung / Selbstbeherrschung: in allen Dingen so weit gehen, wie es gut ist, und nicht weiter
- Gerechtigkeit: ehrlich und fair zu jedermann sein
- Tapferkeit / Standhaftigkeit: den Mut haben, eigene Entscheidungen zu treffen und dazu zu stehen

Diese Tugenden können Ihnen helfen, sich ein klareres Bild von Ihrem JA-Bereich zu machen. Wie sehen bei Ihnen Momente der Klugheit, der Mäßigung, der Gerechtigkeit und der Tapferkeit aus? Wie haben Sie sich verhalten? Was haben Sie gedacht? Und wie haben Sie sich dabei gefühlt?

Die drei übernatürlichen oder theologischen Tugenden sind:

- Glaube: Gott suchen und herausfinden, was er mit Ihrem Leben vorhat
- Hoffnung: auf Gottes Verheißungen vertrauen
- Liebe: Gott über alle Dinge lieben und den Nächsten lieben wie sich selbst

Diese Tugenden werden Ihnen ebenfalls helfen, sich sinnvolle Ziele im Leben zu setzen. Mir ist übrigens durchaus bewusst, dass die theologischen Tugenden für viele Menschen Fragen aufwerfen. Manch einer hat sich von einer Kirche verabschiedet, die zwar jede Menge Regeln kennt, aber wenig Liebe und Respekt für die Menschen zeigt.

Andererseits habe ich persönlich die Erfahrung gemacht, dass ein Leben ohne Gott sehr leer sein kann. Wenn die letzte Antwort auf meine

Frage nach dem Sinn des Lebens lautete, dass selbiges jedes Sinnes entbehrt und lediglich das Produkt einer kosmischen Koinzidenz ist, wäre das für mich alles andere als zufriedenstellend.

Wie Sie sicherlich gesehen haben, geht es in diesem Kapitel nicht um vorübergehende, schnelle und einfache Veränderungen (bis zum Sommer noch schnell etwas für die Figur tun). Solche Ziele sind nicht verboten, natürlich nicht. Doch sollten Sie nicht erwarten, dass sie einen echten und nachhaltigen Beitrag zu Ihrem Lebensglück leisten. Mehr noch: Temporäre, kurzfristige Ziele führen fast immer zu schnellen Rückfällen und damit einhergehend zu Enttäuschungen.

Negative Glaubenssätze

Nachdem Sie sich ein wenig mit Ihren NEIN- und JA-Bereichen vertraut gemacht haben (beispielsweise anhand der von Seligman spezifizierten Umstände oder der sieben Tugenden), sollten Sie die grobe Richtung, in die Sie möchten, benennen können. Sie sollten in der Lage sein, die Dinge aufzuzählen, die anzustreben Ihnen wichtig oder nicht wichtig ist.

Immer wieder bin ich erstaunt, wenn ich sehe, wie viele Menschen, kaum dass sie wissen, was für sie im Leben wirklich wichtig ist, bereits lauter Gründe sehen, warum sich diese Erkenntnisse nicht in die Praxis übersetzen lassen. Sie haben nicht den Mut, sich darauf zu verlassen, dass die Richtung, die sie sich für ihr Leben wünschen, tatsächlich die richtige ist. Etwas Vorsicht ist sicherlich nicht falsch, aber häufig verfangen wir uns in einem Dickicht aus veralteten negativen Überzeugungen.

Solche Glaubenssätze können zum Beispiel folgendermaßen aussehen:

- Ich habe kein Recht, das zu tun; was ich will, ist übertrieben; vielleicht ist das, was ich will, sogar gefährlich; das soll eben nicht so sein.

- Andere Menschen mögen mich oder diesen Plan nicht; es wird mir sowieso niemand helfen.
- Ich werde das niemals schaffen; so richtig gut werde ich das nie können; ich bin kein Mensch der Tat; ich werde das irgendwie vermasseln.

Glaubenssätze sind so etwas wie »gewohntes Denken«. Dinge, die wir über einen bestimmten Gegenstand zu wissen glauben. Die ersten Worte, Bilder und Gedanken, die unser MP3-Player automatisch abspielt, wenn Sie sich mit etwas konfrontiert sehen: mit einer Absicht, einem Wunsch, Ihrem Spiegelbild, einer anderen Person und so weiter.

Glaubenssätze entsprechen nicht unbedingt der *Wahrheit*. In Kapitel 2 habe ich von einem Menschen berichtet, der infolge eines einzigen Erlebnisses 70 Jahre lang keinen Chicorée mehr gegessen hat. Viele Menschen hegen bestimmte Glaubenssätze über sich, über andere und über die Gesellschaft insgesamt, nur weil sie ein einziges Mal etwas erlebt oder von anderen gehört haben.

Glaubenssätze entsprechen nicht unbedingt der Wahrheit.

Und wir wissen ja bereits, dass schmerzvolle Erfahrungen sehr viel mehr Eindruck hinterlassen als positive. So ist es auch nicht verwunderlich, dass die meisten von uns viele Überzeugungen mit sich herumtragen, die sie in ihren Entwicklungs- und Verbesserungsbemühungen mehr oder weniger stark einschränken. Manche Menschen scheuen sich sogar, ihre Ziele zu Papier zu bringen. Oder ihre Ziele mit ihrem Partner oder mit Freunden zu besprechen. Dabei wäre das der erste Schritt, um sich vom gegenwärtigen Leben zu verabschieden. Denn selbst wenn sie mit diesem gegenwärtigen Leben sehr unzufrieden sind, wissen sie auf diese Weise immerhin genau, wo sie stehen.

Nutzlose Glaubenssätze über Bord werfen

Wie entscheiden wir aber nun, von welchen Überzeugungen wir uns trennen und welche wir behalten wollen? Schließlich ist es wohl kaum möglich, alles, woran wir glauben, in wissenschaftlicher Gründlichkeit auf seinen Wahrheitsgehalt hin zu überprüfen. Ich schlage drei praktische Schritte vor.

Erstens: Es ist schon ein großer Schritt, wenn wir erkennen, dass unsere Glaubenssätze *nicht die Wahrheit* repräsentieren, sondern lediglich unser *Bild* von der Wahrheit. Wir lernen, unsere Überzeugungen als das »innere Pendant« zu den äußerlichen Gewohnheiten zu begreifen. Es sind Gewohnheiten des Denkens und Fühlens, so wie wir auch Gewohnheiten des Sprechens haben oder eine bestimmte Gewohnheit, unseren Kleiderschrank aufzuräumen.

Kürzlich sah ich eine Fernsehsendung über das Bild, das die Amerikaner von den Niederlanden haben. Ein Mann, der auf der Straße interviewt wurde, hielt die Niederlande für die Hauptstadt von Dänemark. Normalerweise kommt ein Amerikaner mit einer solchen Überzeugung gut durchs Leben. Aber wenn er seine Ferien in den Niederlanden verbringen will, sollte er sein Bild zuvor vielleicht etwas revidieren.

Zweitens: Fragen Sie sich, ob Ihre Glaubenssätze wirklich *zutreffen*. Die meisten Überzeugungen sind *Verallgemeinerungen* einer einzigen oder einiger weniger Erfahrungen, die wir selbst gemacht oder die andere mit uns geteilt haben. Sind Sie sicher, dass Ihre Glaubenssätze immer und überall die Realität beschreiben? Fällt Ihnen wirklich keine Ausnahme ein? Und was ist eigentlich die Quelle Ihrer Überzeugungen? Warum denken Sie so und nicht anders? Welche konkreten Beweise können Sie anführen? Können Sie ein Beispiel nennen?

Angenommen, Sie sind davon überzeugt, dass Sie nichts Neues beginnen sollten, ohne zuvor sämtliche Risiken untersucht zu haben. Heißt das, dass Sie niemals etwas unternehmen sollten, bevor Sie nicht alle Eventualitäten abgeklopft haben? Glauben Sie das wirklich? Und worauf gründet sich diese Überzeugung? Wie viele schlechte Erfahrungen haben Sie gemacht, bevor Sie diese Schlussfolgerung gezogen haben? 100? 50? 20? Oder waren es womöglich weniger?

Drittens: Fragen Sie sich, ob Ihr Glaubenssatz *hilfreich* ist. Gehen wir mal davon aus, dass Sie auch weiterhin gemäß Ihrer gegenwärtigen negativen Überzeugung handeln. Was würde Ihnen das am Ende bringen? Was bedeutet dies in letzter Konsequenz?

Angenommen, Sie halten an Ihrer Überzeugung fest, dass Sie nichts Neues beginnen sollten, bevor Sie nicht alle Risiken kennen. Was würde daraus folgen? Würde das nicht heißen, dass Sie sich niemals wieder auf etwas Neues einlassen? Schließlich können Sie nie absolut sicher sein, dass Sie alle möglichen Fallstricke im Zusammenhang mit einem bestimmten Vorhaben kennen. Und wenn das die Quintessenz Ihrer Überzeugung ist, wie hilfreich ist dieser Glaubenssatz dann für Sie?

Träumen, Wagen, Tun ...

- Viele Menschen bleiben zu lange in ihrem NEIN-Bereich. Sie sehen die Probleme, Fallstricke und Gefahren, aber sie unternehmen nichts in Richtung einer möglichen Lösung.

- Der JA-Bereich bildet die Grundlage für Entwicklung und Wachstum. Hier geht es darum, dass wir häufiger so sind, wie wir in unseren besten Momenten sind.

- Viele Menschen werden durch ihre negativen Glaubenssätze eingeschränkt. Fragen Sie sich selbstkritisch, ob Ihre Überzeugungen hinsichtlich Ihrer selbst und Ihrer Pläne wirklich wahr und wirklich hilfreich sind.

»In der Nacht, bevor ich kündigte, haben wir stundenlang geredet«

■ Nach acht Jahren im Finanzsektor beschloss **Mary (33)**, ihren bisherigen Job aufzugeben, um auf Hebamme umzuschulen. Sie hatte immer schon Ärztin werden wollen und auch mehrmals – vergeblich – an der (in ihrem Land üblichen) Auslosung der Ausbildungsplätze teilgenommen: zweimal für Medizin und einmal für Geburtshilfe. Daraufhin hatte sie beschlossen, etwas ganz anderes zu machen, und Rechnungswesen studiert. Irgendetwas nagte jedoch weiter in ihr, und sie dachte von Zeit zu Zeit: »Sollte ich nicht vielleicht doch noch …?« Aber die Hindernisse schienen stets zu groß, und so begann sie, sich mit der Situation abzufinden.

Die Situation änderte sich, als Mary im Jahr nach der Geburt ihres ersten Kindes nicht weniger als siebenmal krank wurde. »Ich fragte mich: Was will mein Körper mir damit eigentlich sagen? Der Groschen fiel, als ich vor dem Schlafengehen einen Artikel über das Glück las. Mir wurde auf einmal klar, dass ich einfach mit der Ausbildung zur Hebamme beginnen musste. Es war an der Zeit, nicht immer nur all die Hindernisse zu sehen, sondern mich auf die Suche nach den Möglichkeiten zu begeben. Ich setzte mich sogleich an meinen Computer und begann, im Internet nach Informationen zu suchen.« Hier stieß sie alsbald auf eine vergleichbare Geschichte eines Menschen, der ebenfalls spät im Leben noch einmal ein Studium begonnen hatte. Das bestärkte Mary in ihrer Überzeugung, dass es auch für sie noch nicht zu spät war!

Ein ganzes Jahr lang versuchte sie, ihre Gefühle und Gedanken abzuwägen, um sicherzugehen, dass sie die richtige Entscheidung traf. »Im Herzen wusste ich, dass ich es wirklich wollte, aber ich wollte mir sicher sein, dass ich nichts falsch machte. Ich sprach deshalb mit vielen Leuten, die in der Geburtshilfe arbeiten, und besuchte Tage der offenen Tür.« Anderen von ihrer Entscheidung zu erzählen, war ein schwieriger Schritt. »Ich behielt es drei Wochen für mich und erzählte erst dann meinem Mann davon. Erst nach fünf Monaten traute ich mich, meiner übrigen Familie und meinen Freunden etwas davon zu sagen. Ich fürchtete mich vor den

Reaktionen. Es war eine sehr private Sache und ich fühlte mich in diesem Punkt sehr verletzlich. Ich wollte es selbst so sehr, aber ich wünschte mir auch die Unterstützung der anderen. Das brauchte und brauche ich so sehr.«

»Eine andere Sache, die mich zurückhielt, war der Gedanke, dass ich die Gegenwart kannte, aber nicht die Zukunft. Es überraschte mich selbst, wie sehr ich mich an diese Sicherheit klammerte. Andere redeten mir gut zu und ermunterten mich, darauf zu vertrauen, dass alles gut gehen werde. Das wurde für mich zu einem ganz wesentlichen Punkt.«

Es überraschte mich selbst, wie sehr ich mich an diese Sicherheit klammerte.

Zusätzlich zur emotionalen Seite gab es noch alle möglichen praktischen Dinge, die bedacht sein wollten. Finanzielle Überlegungen und die Frage der Kinderbetreuung. Auch das war schwierig und kostete Zeit. Als Mary schließlich das Zulassungsschreiben der Schule in der Hand hielt, wusste sie, dass sie nicht mehr zurückkonnte und durchhalten musste.

»In der Nacht, bevor ich meine Stelle kündigte, redeten wir viele Stunden lang. Ich hatte immer noch Angst und malte mir alle möglichen Szenarios aus. Ich wollte, dass mich mein Ehemann Raymond unterstützte und sich vollkommen darüber im Klaren war, was uns bevorstand. Seine Hilfe war für mich ein wichtiger Punkt. Wenn Sie sich zu einem so radikalen Schritt entschließen, müssen Sie den Weg gemeinsam gehen. Als ich mich schlafen legte, war ich mir immer noch nicht hundertprozentig sicher. Am nächsten Morgen sagte Raymond, bevor er zur Arbeit ging: ›Tu es einfach.‹«

Mittlerweile sind alle Zweifel verflogen. »Die Arbeit ist so schön und erfüllend. Ich habe meine Nische gefunden. Auch wenn es schwierig ist, alles unter einen Hut zu bekommen. Und natürlich gibt es Tage, an denen mir die Dinge über den Kopf wachsen. Aber dennoch weiß ich ganz genau, dass ich die richtige Entscheidung getroffen habe. In vier Jahren werde ich 37; dann bin ich mit der Schule fertig und habe noch weitere 30 Jahre mit einer wunderbaren Tätigkeit vor mir.«

Träumen, Wagen, Tun …

■ Lassen Sie Ihren Verstand und Ihre Gefühle sprechen, wenn Sie eine Entscheidung treffen. »Vernunftentscheidungen« unter Missachtung Ihrer Gefühle können nicht funktionieren. Ebenso wenig helfen vernunftwidrige Bauchentscheidungen.

■ Denken Sie nicht in Hindernissen, sondern in Möglichkeiten. Was wollen Sie wirklich und welche Schritte sind dazu erforderlich? Versuchen Sie, so viel wie möglich darüber zu erfahren, wie andere mit solchen Situationen umgehen.

■ Beteiligen Sie die Menschen, an denen Ihnen liegt, aktiv an Ihren wichtigsten Entscheidungen, auch wenn Ihnen das im Moment nicht behagt. Später, wenn es ums Durchhalten geht, werden Sie über jede Unterstützung froh sein.

6. Träumen: Und jetzt bitte konkret

- Warum es so wichtig ist, dass Sie Ihre Träume in Verhalten übersetzen
- Was ist M.A.P.-Verhalten und wie formulieren Sie es?
- Was Ihnen diese Anstrengung unmittelbar bringt

Ein Freund von mir betreut straffällig gewordene Jugendliche und unterstützt sie bei der Wiedereingliederung in den bezahlten Arbeitsmarkt. Vor einiger Zeit sprachen wir darüber, wie sein Arbeitstag aussieht.

»Verbringst du viel Zeit damit, ihre kommunikativen Fähigkeiten zu schulen?«, fragte ich.

»Würde ich gern«, entgegnete er. »Aber zuvor gibt es einige andere Dinge zu tun.«

»Du meinst, sie müssen erst lernen, ihren Job zu machen. Die handwerkliche Seite.«

»Das auch. Aber in der Regel fange ich mit noch elementareren Dingen an.«

»Ah, ich verstehe. Du meinst, sie müssen erst ein gewisses Maß an Selbstvertrauen entwickeln oder so«, tippte ich.

»Nein«, sagte er. »Es ist noch elementarer, als du denkst. Ich kann ihnen nur etwas beibringen, wenn sie überhaupt erst erscheinen. Und das ist jeden Morgen die Frage. Besonders wenn ich neu mit einer

Gruppe beginne. Nicht wenige dieser Jugendlichen haben keinerlei Zeitgefühl. Andere melden sich beim geringsten Anlass krank. Und wieder andere bleiben gleich ganz weg. Ich starte also meinen Dienst in der Regel mit ein paar Hausbesuchen, um die Herrschaften aus den Federn zu werfen. Und erst wenn sie nach einer Weile gelernt haben, dass sie jeden Tag um acht antanzen müssen, können wir uns in andere Bereiche vortasten.«

Übersetzung in Verhalten

Viele Menschen träumen von perfekten Szenarien, in denen einfach alles stimmt. Wir lesen von jemandem, der in Südfrankreich begonnen hat, Fremdenzimmer zu vermieten, und denken: So etwas würde ich auch gern machen. Wir sehen im Fernsehen jemanden in einem schönen Haus mit nettem Partner und netten Kindern. Wir hören jenen neuen Sänger, der in den letzten Monaten im Radio zu einem Star geworden ist.

Meist sehen wir nur den letzten Teil der Geschichte: die Phase, in der nach langem Auf und Ab schließlich etwas erreicht oder verwirklicht wurde.

Meist sehen wir dabei nur den letzten Teil der Geschichte: die Phase, in der nach langem Auf und Ab schließlich etwas erreicht oder verwirklicht wurde. Aber die misslungenen Skizzen der Künstler landen nicht im Museum, sondern im Papierkorb! Von den Zweifeln und Ängsten der Schauspielerin, die eine Bühne zum ersten Mal betritt, erfahren wir nichts, es sei denn, sie berichtet darüber später in einem Interview, wenn sie bereits erfolgreich ist.

Wenn wir in unserem Leben etwas verwirklichen, verändern oder verbessern wollen, müssen wir hinter die Kulissen des Erfolgs schauen. Wir müssen wissen, was es zu tun gilt, um ein bestimmtes Ergebnis zu erzielen. Welche Überzeugungen und Verhaltensweisen bringen uns an den Ort, an dem wir sein wollen?

Manchmal reicht es, eine einzelne Denkweise zu verändern oder einen einzelnen, ganz bestimmten Schritt zu tun, beispielsweise einen Job zu kündigen, der für uns schon lange eine große Last bedeutet. In den meisten Fällen aber bringt uns ein einzelner Schritt noch nicht zum Ziel. Dann müssen wir uns überlegen, wie wir unsere Denkgewohnheiten und unser Verhalten verändern müssen, um unsere Lebensqualität nachhaltig zu verbessern. Denn wenn wir, um im Beispiel zu bleiben, diesen schrecklichen Job aufgeben, schließt sich die nächste Frage an: Was jetzt? Wie wollen wir den Rest unseres Lebens sinnvoll gestalten?

Konkretisieren Sie Ihre Träume

Sie können Ihre Träume auf dreierlei Weise konkretisieren. Diese drei Techniken helfen Ihnen, Ihre Träume und Pläne in Verhaltensweisen zu übersetzen. Ich empfehle Ihnen, alle drei Techniken zu nutzen und zuerst eine Liste mit möglichen konkreten Verhaltensabsichten zu erstellen. Erst danach wählen Sie eine oder zwei davon aus, um damit zu beginnen.

1. Analysieren Sie Ihre eigenen Erfolge aus der Vergangenheit: Gehen Sie zu Ihrem JA-Bereich zurück, und visualisieren Sie so klar wie möglich die Momente, die Sie zu Ihren Zielen inspiriert haben. Was taten Sie in diesen Augenblicken? Was dachten Sie? Und vor allem, was fühlten Sie? Versuchen Sie, so exakt wie möglich zu bestimmen, welche Faktoren wesentlich zu Ihren besten Momenten beigetragen haben.

2. Holen Sie Expertenrat ein, schauen Sie sich bei anderen etwas ab, lernen Sie von anderen, lesen Sie Bücher. Meine Frau hatte viele Jahre kein Tennis gespielt und fing vor Kurzem wieder an. Sie spielte mit Leuten, die ziemlich viel Erfahrung haben. Anderntags fragte ich sie, ob es sie nicht störe, wenn sie ständig verliere. »Ob mich das stört? Von Leuten, die schlechter spielen als ich, lerne ich doch nichts. Wenn ich aber mit guten Leuten spiele, lerne ich jedes Mal etwas hinzu!«

3. Denken Sie scharf nach: Ihre eigenen Erfolgsmomente aus der Vergangenheit und die Dinge, die andere Leute tun, können Ihnen wertvolle Anregungen liefern, um Ihre eigenen Verhaltensabsichten zu formulieren. Möglicherweise lassen sie sich aber hier und jetzt nicht genau so wiederholen. Versuchen Sie also, Ihre Verhaltensweisen so zu wählen, wie es auf der Basis der Informationen, die Sie gesammelt haben, sinnvoll erscheint.

M.A.P.-Verhalten

Sobald Sie einige mögliche Verhaltensabsichten in einer Liste zusammengestellt haben, sollten Sie daraus solche Verhaltensweisen auswählen, die *effektiv* und *realistisch* sind. Ein Verhalten ist nur effektiv, wenn Sie sicher sind, dass es Sie Ihrem Ziel näherbringt. Und ein Verhalten ist umso realistischer, je besser Sie sich damit fühlen und je mehr Bestätigung Sie darin von anderen Menschen erfahren.

Bewerten Sie die einzelnen Verhaltensabsichten auf Ihrer Liste nach diesen beiden Kriterien. Mit den Absichten, die in puncto Effektivität und Realisierbarkeit am besten abschneiden, sollten Sie sich nun eingehender beschäftigen. Versuchen Sie sie in messbare, aktive und persönliche Verhaltensweisen zu übersetzen.

Formulieren Sie Ihre Absichten nach M.A.P.-Art:

- *Messbar:* Wie bewerten Sie Ihre Absicht objektiv und unabhängig davon, ob Sie sie in die Praxis umgesetzt haben? Wie würde ein Außenstehender sie bewerten?
- *Aktiv:* Machen Sie sich klar, was Sie tatsächlich zu tun gedenken. Welche Gedanken werden Sie haben? Welche Schritte werden Sie unternehmen?
- *Persönlich:* Machen Sie sich klar, was gerade Sie zu tun gedenken. Natürlich müssen auch andere alles Mögliche in ihrem Leben verändern, aber darauf haben Sie keinen Einfluss. Das müssen die anderen schon selbst tun.

Was *nicht* weiterhilft:

- *Vage* allgemeine Absichten wie: Ich will häufiger mein Bestes geben. Wenn Sie Begriffe wie »häufiger« oder »mehr« verwenden, wissen Sie hinterher nie, ob Sie Ihre Veränderung erfolgreich umgesetzt haben.
- Listen von Dingen erstellen, die Sie fortan *nicht* mehr tun wollen, wie: Ich will mich nicht mehr beklagen. Es ist unmöglich, aktiv *nicht* an etwas zu denken. Wenn ich Sie auffordere, bei geschlossenen Augen zehn Sekunden lang nicht an Brad Pitt zu denken – wen sehen Sie dann vor Ihrem inneren Auge?
- Sich darauf kaprizieren, was *andere* ändern sollten. Zum Beispiel: Wir müssen unsere Beziehung verbessern. Wer sind »wir«? Wollen Sie nicht lieber bei sich selbst beginnen?

Was Ihnen hilft, das angestrebte Verhalten in messbarer, aktiver und persönlicher Weise zu formulieren, sind zielgerichtete Tagträume. Drehen Sie im Geiste einen neuen Film, in dem Sie das beabsichtigte Verhalten ausprobieren. Testen Sie einige Ihrer Absichten in der aktiven Vorstellung. Verfolgen Sie genau, was Sie während Ihrer Tagträume anstellen. Setzen Sie alles so klar wie möglich in Szene. Halten Sie es anschließend schriftlich fest.

Wenn ich Sie auffordere, bei geschlossenen Augen zehn Sekunden lang nicht an Brad Pitt zu denken – wen sehen Sie dann vor Ihrem inneren Auge?

Nachdem Sie Ihre Absichten niedergeschrieben haben, sollten Sie sie daraufhin durchsehen, ob sie Formulierungen enthalten wie: *etwas, ein wenig, verbessern, häufiger, mehr, wir, stärker, man* und so weiter. Diese Ausdrücke sind qua definitionem zu vage.

Machen Sie es nicht zu kompliziert!

In den Workshops, die ich zu Themen wie Selbstmanagement und Veränderungsprozesse zu halten pflege, stellt die Formulierung konkreter Verhaltensabsichten in der Regel den schwierigsten und zugleich lohnendsten Teil dar. Den Menschen, mich inbegriffen, fällt es schwer, die eigenen Ziele in messbare, aktive und persönliche Verhaltensweisen zu übersetzen.

Einige Fehler, die häufig gemacht werden:

- In abstrakten, vagen Begriffen hängen bleiben. Obwohl die Ziele formuliert wurden, weiß niemand so genau, was in Richtung auf diese Ziele zu tun ist.
- In einem Bereich Ziele formulieren, die Zielen in anderen Bereichen widersprechen. Ein gewaltiger Karrieresprung lässt sich nur schwer mit mehr Zeit für die Familie kombinieren. *Individuum* bedeutet wörtlich *unteilbar*. *Ein* Leben zu leben, ist für das menschliche Individuum schon schwer genug.
- Überambitionierte Ziele setzen. Natürlich können Sie sich Dinge vornehmen, die noch niemand vor Ihnen geschafft hat. Drei Kinder aufziehen, daneben einem Vollzeitjob nachgehen, Ihrem Partner genug Aufmerksamkeit schenken und einen großen Freundeskreis pflegen. Nun … ich denke, die Botschaft ist klar.

Etwas, was ich erst aus eigener Erfahrung lernen musste: Wählen Sie ein Verhalten, das zu Ihrem persönlichen Rhythmus passt. Dabei sollten Sie darauf achten, dass es sich bei Ihrem Ziel nicht in Wahrheit um mehrere verschiedene Ziele handelt, wie in diesem Beispiel: dienstags um 11:30 Uhr studieren, mittwochs um 20 Uhr ins Fitnessstudio, alle vierzehn Tage freitags meinem alten Nachbarn helfen. Sie verstehen, dass ich übertreibe, aber viele Menschen formulieren ein derart umfassendes, mehrteiliges Ziel. Tun Sie das nicht.

Viele Menschen formulieren ein ganz umfassendes, mehrteiliges Ziel. Tun Sie das nicht.

Bemühen Sie sich um Einfachheit. Hier einige Beispiele für jeweils ein Ziel:

- Jeden Morgen um 11 Uhr mache ich mindestens zehn Minuten Sport.
- Jeden Abend notiere ich mir im Tagebuch die Dinge, die an dem Tag gut gelaufen sind und die ich häufiger tun will.
- Fünf Minuten, bevor ich zu meinem Partner nach Hause komme, frage ich mich, wie ich das Haus betreten will – elend und gestresst oder glücklich und entspannt. Dann bleiben mir noch fünf Minuten, um mein Verhalten danach auszurichten.
- Jeden Tag beginne ich mit der Erstellung eines Arbeitsplans, wobei die lästigen Tätigkeiten zuerst drankommen und anschließend die erfreulichen. Was bei genauerer Betrachtung nicht wichtig ist, wird gestrichen. Falls erforderlich, unterrichte ich von den Streichungen Betroffene telefonisch oder per E-Mail davon, dass die Zeit für dieses Vorhaben leider nicht reicht.
- Bei jedem Mittagessen setze ich mich in der Kantine mit anderen Kollegen zusammen, um mein Netzwerk zu erweitern.
- Zu Beginn jedes Gesprächs stelle ich mindestens zwei Fragen, bevor ich selbst etwas erzähle.

Die Treppe: Beginnen Sie stets mit etwas, was Sie gut können

Vielleicht hilft Ihnen das folgende Bild (auf Seite 82). Stellen Sie sich eine Treppe vor. An der Spitze der Treppe sehen Sie das Endresultat, das Sie erreichen wollen. Die Stufen stellen – von unten nach oben – die Schritte dar, die Sie zu Ihrem Ziel führen.

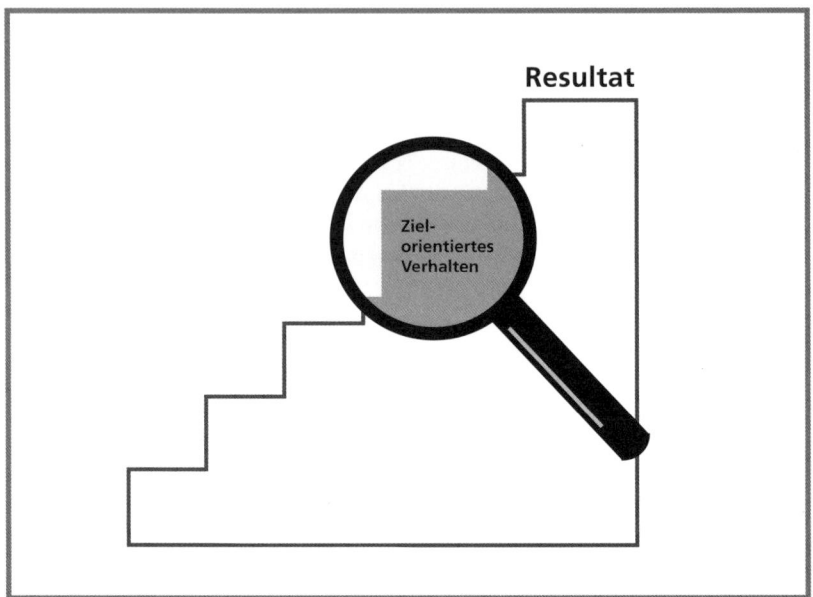

Am oberen Ende der Treppe befindet sich das angestrebte Resultat. Die Stufen stehen
für die Schritte, die Sie zu diesem Ziel führen.

Beginnen Sie jetzt einmal nicht vom unteren Ende der Treppe, sondern von oben. So können Sie vom Ziel her rückwärts überlegen, welche Verhaltensweisen erforderlich sind, um es zu erreichen. Starten Sie also auf dem oberen Treppenabsatz und gehen Sie eine Stufe abwärts. Welches Verhalten führt von dort unmittelbar zum Ziel? Ist das etwas, was Sie bereits praktizieren oder wozu Sie jetzt schon fähig sind? Wenn nicht, gehen Sie eine Stufe weiter hinunter und fragen Sie sich erneut, ob es sich um ein Verhalten handelt, das Sie bereits beherrschen.

Wiederholen Sie dies so lange, bis Sie zu einem Schritt kommen, bei dem Sie sicher sind: Das kann ich. Es bringt nichts, mit einem Verhalten zu beginnen, das eine Stufe zu hoch für Sie ist. Das führt nur zu Enttäuschung und Stress – zu genau den beiden Faktoren, die einer Veränderung häufig im Weg stehen.

Ein Beispiel: Angenommen, Sie wollen sich beruflich verändern. Ein anderer Job, ein anderer Aufgabenbereich, vielleicht eine komplett andere Richtung.

- Am oberen Ende der Treppe steht das Resultat: ein neuer Job, der Ihnen das bietet, was Sie sich wünschen.
- Eine Stufe zurück: Sie bewerben sich für den Job.
- Noch eine Stufe zurück: Sie überlegen, welchen Job Sie haben wollen.
- Die Stufe darunter könnte sein: Sie testen verschiedene Jobs, beispielsweise über Freunde oder eine Zeitarbeitsvermittlung. Sie können auch einen Berufsberater oder Coach hinzuziehen.

Ein anderes Beispiel: Sie wollen selbstbewusster werden und für die Durchsetzung Ihrer eigenen Interessen einstehen. Häufiger »Nein« zu Dingen sagen, die Sie unglücklich machen.

- Am oberen Ende der Treppe ist Ihr neues, standhafteres, selbstbewussteres Ich.
- Die Stufe davor: Sie lernen, »Nein« zu Dingen zu sagen, die Ihnen überhaupt nicht passen oder für die in Ihrem Kalender kein Platz ist, egal, von wem das Anliegen stammt.
- Die Stufe davor: Sie sagen von Zeit zu Zeit »Nein« zu Dingen, für die in Ihrem Kalender kein Platz ist, egal, von wem das Anliegen stammt.
- Und so weiter, bis zur untersten Stufe: Übungshalber sagen Sie morgen jemandem gegenüber »Nein«, mit dem Sie dies im Voraus abgesprochen haben.

Wenn Sie nun sagen: »Ja, das ist doch nicht schwer, das kann ich machen«, dann sind Sie auf dem richtigen Weg. Wenn Sie hingegen sagen: »Auch die erste Stufe ist mir zu hoch!«, dann müssen Sie vor der ersten Stufe zusätzliche kleinere Stufen hinzufügen. In unserem Beispiel könnte das heißen, dass Sie zuerst jemanden bitten, Ihnen bei der Erstellung Ihres Planes zu helfen. Oder Sie üben die Situation eine Woche lang zu Hause vor dem Spiegel, indem Sie einer fiktiven Person gegenüber »Nein« sagen.

»Im Handstreich« gibt es nicht

Wenn Sie mich jetzt joggen sehen, werden Sie mir kaum glauben, wie schwer mir der Anfang fiel. Mit MP3-Player und Pulszähler und in hautenger, atmungsaktiver Sportbekleidung laufe ich regelmäßig Runden von zehn Kilometern und mehr. Aber als ich vor einigen Jahren mit dem Laufen begann, machte ich fast alles falsch, was man falsch machen kann. Ich trug die falsche Kleidung und die falschen Schuhe. Die Strecken waren zu kurz. Und ich lief viel zu langsam.

Erst als ich einmal mit einem Experten über meine Fortschritte sprach, erfuhr ich, dass ich viel mehr erreichen könnte, wenn ich einige einfache Dinge beherzigen würde. Schritt für Schritt lernte ich, welche Trainingsmethoden für mich am besten geeignet waren. Selbst wenn Sie sich über die gewünschten Veränderungen oder Verbesserungen im Voraus gründlich Gedanken machen, bleibt alles ein Experiment. Wenn Sie Ihren Veränderungsversuch so betrachten, wird er Ihnen leichter fallen. Ganz gleich, ob Sie abnehmen, den Job wechseln, einen Partner finden oder mehr Sport treiben wollen. Beim ersten Versuch stellen Sie sich stets unbeholfener an als später, wenn Sie schon mehr Erfahrung haben.

Sie können es mit dem Dartsspiel vergleichen. Niemand trifft gleich beim ersten Mal in die Mitte. In der Regel dient der erste Pfeil lediglich dazu, festzustellen, wie weit Sie daneben liegen. Sorgen Sie also dafür, dass Sie genug Pfeile haben. Und starten Sie Ihre Tests so früh wie möglich. Warten Sie nicht, bis Sie dieses Buch zu Ende gelesen haben (ich denke mal, dass nicht wenige Leser einen Ratgeber nach dem nächsten konsumieren, um ja nicht in die Verlegenheit zu kommen, die Ratschläge auch umsetzen zu müssen). Fangen Sie mit dem Experimentieren an, während Sie dieses Buch noch lesen.

Wählen Sie ein Verhalten, von dem Sie denken, dass es Ihnen hilft, und vergewissern Sie sich regelmäßig, dass es funktioniert. Häufig ist es sinnvoll, im Voraus einen Kontrolltermin festzulegen. Beispiel: Wenn ich nicht binnen zwei Monaten Fortschritte erkennen kann, werde ich mich an einen Experten wenden, um meine Vorgehensweise gegebenenfalls zu korrigieren.

Der Fokus-Effekt

Sobald Sie wissen, was Sie wollen und was Sie zu tun gedenken, werden Sie ein bemerkenswertes Phänomen beobachten. Vom ersten Tag an werden Sie in Ihrem alltäglichen Umfeld auf viele verschiedene Möglichkeiten stoßen, wie Sie Ihrer Absicht Gestalt verleihen können. Das ist keine Magie. Diese Möglichkeiten hat es schon immer gegeben. Aber solange Sie nicht wissen, was Sie wollen und was Sie dafür zu tun gedenken, nehmen Sie sie schlicht nicht wahr.

Solange Sie nicht wissen, was Sie wollen und was Sie dafür zu tun gedenken, nehmen Sie die Möglichkeiten schlicht nicht wahr.

Unser beschränktes Aufmerksamkeitspotenzial wird von unserem Gehirn auf Dinge gelenkt, die uns wichtig erscheinen. Indem wir Ziele und Verhaltensweisen im Detail beschreiben und ihnen Bedeutung verleihen, veranlassen wir unser Gehirn, Dinge wahrzunehmen, die damit in Zusammenhang stehen.

Als ich vor einiger Zeit zusagte, meinen ersten Trainingskurs auf Deutsch zu geben, entpuppten sich plötzlich einige meiner Freunde aus den südlichen Niederlanden als wahre Meister dieser Sprache. Vorher hatte mich diese Frage nie beschäftigt. Und ein enger Kollege outete sich als Deutsch sprechender gebürtiger Schweizer. Natürlich hatte ich seinen seltsamen Familiennamen und seinen Akzent schon vorher bemerkt. Aber ich hatte nicht weiter darüber nachgedacht. Diese Menschen halfen mir, mein Deutsch binnen zwei Wochen auf ein akzeptables Niveau zu heben.

Gelegentlich heißt es: Der Mensch wird das, woran er regelmäßig denkt. Das ist eine gewagte Behauptung. Aber etwas Wahres ist doch dran. Positive und negative Glaubenssätze pflegen sich selbst zu verstärken. Das ist nur logisch. Wenn Sie eine positive Sicht von der Welt haben, sehen Sie mehr Möglichkeiten für positive Aktivitäten und machen mehr positive Erfahrungen – jedenfalls in Ihrer Wahrnehmung. Betrachten Sie die Welt hingegen negativ, funktioniert es mit umgekehrtem Vorzeichen genauso.

Träumen, Wagen, Tun …

■ Träume können nur wahr werden, wenn Sie sie in konkretes Verhalten übersetzen, das messbar, aktiv und persönlich (M.A.P.) ist.

■ Es ist wichtig, dass Sie stets mit einem Verhalten beginnen, von dem Sie wissen, dass Sie es beherrschen. Veränderungen lassen sich mit dem Erklimmen einer Treppe vergleichen. Beginnen Sie mit einer Stufe, die Sie erreichen können.

■ Wenn Sie Ihre Ziele und das entsprechende Verhalten konkret formulieren, werden Sie mehr Chancen erkennen. Diese Möglichkeiten sind immer da, aber Sie sehen sie nur, wenn sie Ihnen etwas bedeuten.

»Ich dachte, ich werde mein Studium niemals abschließen«

■ **Irene war 23** und studierte Anthropologie, als sie schwanger wurde. Eine Zeit lang war sie gleichzeitig Mutter, Studentin, Kellnerin und Aushilfskraft in einem Büro. Aber ein Studienabschluss war nicht in Sicht. Aus dem Bürojob wurde irgendwann eine vollwertige Stelle. Irene war mittlerweile 30, Mutter von zwei Kindern und mit einem dritten Kind schwanger. Da dachte sie: Ich werde einfach weiterarbeiten wie bisher; das Studium beende ich sowieso nicht mehr.

»So ging es einige Jahre. Ich dachte fortwährend: Ich habe eine Arbeit, ich brauche mein Studium nicht mehr zu beenden. Damit beruhigte ich mein Gewissen. In der Zwischenzeit aber wurde ich von anderen immer wieder nach meiner Ausbildung gefragt, und ich musste erzählen, dass ich keinen Abschluss hatte. Das fühlte sich schrecklich an.« Das Problem wurde für Irene immer größer. »Ich bildete mir ein, dass ich es, wenn ich nur gewollt hätte, ohne Problem hätte tun können. Aber mit der Zeit kamen mir Zweifel, und ich fragte mich, ob ich es wirklich gekonnt hätte. Ich reagierte sehr empfindlich auf die Fragen und Anmerkungen anderer. Es gibt nicht wenige, die ihr Studium nicht beendet haben und damit gut leben können. Mir aber machte das zu schaffen.«

Zehn Jahre, nachdem Irene ihr Studium mehr oder weniger an den Nagel gehängt hatte, nahm sie es wieder auf, und zwar nicht halbherzig, sondern mit einem klaren Plan und einem festen Zeitrahmen. »Vor meinem 35. Geburtstag, bis zu dem mir noch zwei Jahre blieben, wollte ich fertig sein. Ich machte mir einen sehr genauen Plan. Erst wollte ich einige Vorlesungen besuchen, um mich wieder an das System zu gewöhnen. Und ich beschloss, mir für die Zeit, in der ich mit meiner schriftlichen Abschlussarbeit beschäftigt sein würde, Urlaub zu nehmen.«

Vor meinem 35. Geburtstag, bis zu dem mir noch zwei Jahre blieben, wollte ich fertig sein.

Ihr Betreuer an der Universität erwies sich als wichtiger Motivator. »Als ich ihn fragte: ›Glauben Sie, dass ich es schaffen kann?‹, erwiderte er: ›Natürlich schaffen Sie das!‹ Und ich dachte: Wenn er das sagt, muss es stimmen! Das gab mir richtig viel Motivation. Ich wollte mich nun auch vor ihm beweisen.«

Um Arbeit, Studium und Familie miteinander vereinbaren zu können, traf Irene einige klare Vorkehrungen. Ihr Mann hatte bereits zugesagt, ihr zu helfen und vorübergehend mehr Zeit mit den Kindern zu verbringen. Mit ihrem Arbeitgeber verständigte sie sich darauf, die wöchentliche Arbeitszeit um vier Stunden zu reduzieren, um die Vorlesungen besuchen zu können.

»Weil ich nicht viel Zeit hatte, nutzte ich sie effektiv. Die Zeit, die ich hatte, lernte ich viel mehr zu schätzen. Für meine Abschlussarbeit nahm ich drei Monate Urlaub. Das war in den Sommerferien. Mein Mann und die Kinder verbrachten diese Monate mit Camping, während ich allein in Amsterdam blieb. Von Zeit zu Zeit war mir ganz traurig zumute. Aber zum Glück bin ich ein disziplinierter Mensch, und wenn ich mir etwas vornehme, dann ziehe ich es auch durch.«

Die schriftliche Abschlussarbeit stellte sich am Ende als der schwierigste Teil heraus. »Anfangs fand ich es furchtbar. Ich hatte keine Idee, wie ich diese Aufgabe angehen sollte. Allmählich wurde mir jedoch klar, dass ich es sehr wohl wusste und konnte, und das war eine ganz wundervolle Erfahrung. Ich hielt durch, weil ich wollte, dass es gut würde. Und doch kam irgendwann der Augenblick, in dem ich dachte, dass alles vergeblich sei. Die Unsicherheit, was dabei herauskommen würde, begleitete mich die ganze Zeit. Dass ich schließlich eine sehr gute Note bekam, erfüllte mich mit großem Stolz. Im Rückblick muss ich sagen: Es hat sich gelohnt!«

Träumen, Wagen, Tun ...

■ Wenn Sie wissen, dass es schwierig wird, ein bestimmtes Vorhaben bis zum Ende durchzuführen, sollten Sie sich besonders gut vorbereiten. Vermeiden Sie zu viel Ablenkung, und schaffen Sie die Voraussetzungen, um sich ganz auf die beabsichtigte Veränderung konzentrieren zu können.

■ Viele mögliche Komplikationen während eines Veränderungsprozesses lassen sich im Vorwege diagnostizieren. Folglich können Sie sich auch schon Gedanken über eine Lösung machen.

■ Finden Sie Menschen, die an Sie glauben und Ihnen bei wichtigen Veränderungen zu helfen bereit sind. Das motiviert sehr.

7. Wagen: Wie Sie kritische Augenblicke vorwegnehmen

- ■ Was wir von Lance Armstrong lernen können
- ■ Wie Sie kritische Augenblicke im Voraus erkennen
- ■ Wie Stress und Erschöpfung uns zurückwerfen

Ich bin normalerweise kein Radsportfanatiker, und ich weiß, dass es viele Dopingskandale gibt und gegeben hat. Dennoch fasziniert es mich, wie es Lance Armstrong geschafft hat, die Tour de France öfter zu gewinnen als alle anderen Fahrer vor ihm. In seinem Buch *Jede Sekunde zählt* verrät er seinen Lesern einige seiner Geheimnisse.

Armstrong beschreibt den großen Druck nach seinem ersten Sieg 1999, erneut Bestleistungen zu erbringen. Zwecks Vorbereitung erkundet er im Frühjahr 2000 alle schwierigen Etappen der Tour. An einem kalten Tag mit Schneeregen ist Hautacam an der Reihe. Ein steil ansteigender Streckenabschnitt nahe Lourdes.

Armstrong legt die anstrengende Etappe in rund einer Stunde zurück, aber als er oben ist, ist er nicht zufrieden. Er hat das Gefühl, dass er seine Kräfte nicht richtig eingeteilt hat. »Wir müssen zurück und die Strecke noch einmal fahren«, erklärt Armstrong. Nach einer halben Stunde ist er wieder unten angelangt und beginnt erneut mit dem Anstieg. Als er – vom Schneeregen klitschnass – zum zweiten Mal oben ankommt, hat er das Gefühl, dass er die Strecke beherrscht.

Einige Monate später ist Hautacam die erste Gebirgsetappe der Tour de France 2000. Und als Armstrong an diesem Morgen aufwacht, entpuppt sich das Wetter als »perfekt«: Es ist eisig kalt und regnet. Die anderen Fahrer blicken erkennbar besorgt auf einen Tag voller Schweiß und Strapazen. Aber Armstrong lächelt. Das sind genau die Bedingungen, auf die er sich vorbereitet hat. Und er braucht die Strecke heute nur *einmal* zurückzulegen.

Als die Fahrer den Berg erreichen, sitzen sie bereits seit Stunden auf dem Rad. Zusammen mit einigen anderen Fahrern beginnt Armstrong den Anstieg. An einer steilen Stelle, die er gut kennt, greift er an und lässt die anderen scheinbar mühelos hinter sich.

Später sagt er darüber: »Ich hatte nicht nur meine Beine für diesen Sprung hinauf zum Hautacam trainiert, sondern auch meinen Kopf.« Am Ende dieses Anstiegs führt Armstrong um mehrere Minuten vor seinen wichtigsten Konkurrenten. An diesem Tag gewinnt er das gelbe Trikot und gibt es für den Rest der Tour nicht wieder ab.

Was uns zurückwirft

Lance Armstrongs Geschichte hält für jeden, der Erfolge liefern will, einige klare Lektionen bereit. Auch für gewöhnliche Menschen wie Sie und mich.

Die erste Lehre, die ich daraus ziehe, ist, dass jede bedeutende Leistung mit einem Augenblick der Wahrheit verbunden ist. Das sind die Augenblicke, auf die es letztlich ankommt. In der Tour 2000 war einer davon der Anstieg von Hautacam.

Die zweite Lehre ist, dass sich der Sieg nicht automatisch einstellt. Armstrong verlässt sich nicht blind auf sein Können und seine Stärke. Er erkundet die schwierigsten Etappen der Tour im Vorfeld und trainiert eine Bergetappe, wenn es sein muss, auch zweimal hintereinander.

Und die dritte Lehre ist, dass eine solche Vorbereitung einen doppelten Effekt hat. Wir sind nicht nur körperlich besser imstande, die Etappe zu gewinnen, sondern der Konkurrenz auch mental überlegen. Nicht nur unsere Fähigkeiten wachsen, auch das Selbstvertrauen nimmt zu.

Nicht nur unsere Fähigkeiten wachsen, auch das Selbstvertrauen nimmt zu.

Gleichzeitig verstehen wir besser, warum so viele Menschen erfolglos bleiben:

- Sie versäumen es, den schwierigsten Teil ihres Entwicklungs- oder Veränderungsprozesses im Vorfeld zu erkunden. Kritische Momente treffen sie unvorbereitet. Und / oder:
- Sie verlassen sich zu sehr darauf, dass sie unerwartete Situationen im Ernstfall schon meistern werden. Sie machen sich nicht klar, dass kritische Augenblicke fast immer (altes) automatisches Verhalten provozieren. Und / oder:
- Sie haben nicht die Fähigkeit und den Mut, in schwierigen Momenten durchzuhalten, einfach weil sie sich nicht ausreichend vorbereitet haben.

Die obigen Schlussfolgerungen klingen vielleicht etwas hart. Aber wenn ich ehrlich bin, muss ich zugeben, dass meine eigenen fehlgeschlagenen Veränderungsversuche aus ebendiesen Gründen gescheitert sind. Jedes Mal, wenn ich in alte, ineffektive Verhaltensweisen zurückfiel – nachdem ich häufig mit großem Optimismus und mitunter erst kurz zuvor gestartet war –, lag der Grund in einer schwierigen Situation, auf die ich nicht vorbereitet war:

- Mittlerweile rauche ich seit mehreren Jahren nicht mehr. Aber alle früheren Versuche, das Rauchen aufzugeben, waren in Augenblicken extremer Stressbelastung gescheitert.
- Seit einigen Jahren treibe ich regelmäßig Sport. Doch frühere Versuche, mich mehr zu bewegen, scheiterten in Zeiten erhöhter Arbeitsbelastung, als nicht einmal eine halbe Stunde Sport in der Woche möglich zu sein schien.

Im ersten Kapitel sprach ich bereits davon, dass 80 Prozent der Menschen, die mit einer Veränderung beginnen, innerhalb von zwei Jahren wieder in ihr altes Verhalten zurückfallen. Und dieser Rückfall ereignet sich nicht an einem beliebigen Tag in der Woche einfach so, sondern in kritischen Situationen, von denen die meisten Menschen hinterher sagen: »Wenn ich das gewusst hätte! Wenn ich damals durchgehalten hätte, wäre alles ganz anders gekommen.«

Der Moment der Wahrheit

Im Film *Sie liebt ihn – sie liebt ihn nicht* spielt Gwyneth Paltrow Helen. Helen ist eine junge berufstätige Frau, die eines Tages entlassen wird. Auf dem Heimweg erwischt sie nur gerade eben noch die Metro. Die Türen schließen sich unmittelbar hinter ihr (im Original heißt der Film *Sliding Doors*). Als sie nach Hause kommt, stellt sie fest, dass ihr Freund sie mit seiner Exfreundin betrügt. Sie verlässt diesen treulosen Verlierertypen und wird mit einem anderen Mann glücklich, der viel netter und – wie sie – Monty-Python-Fan ist.

Der Clou an diesem Film ist, dass gleichzeitig eine zweite Geschichte beginnt. Die Geschichte dessen, was passiert wäre, wenn sich die Türen einen Augenblick früher geschlossen und Helen den Zug verpasst hätte. In dieser Geschichte wird sie auf dem einsamen Metrobahnsteig ausgeraubt und kommt nach Hause, nachdem sie im Krankenhaus behandelt wurde. Der Freund duscht gerade und die Exfreundin ist bereits über alle Berge. Obwohl er nicht viel anderes tut, als Helen zu betrügen, behauptet ihr Freund, an einem Buch zu schreiben. Um ihm zu helfen, seinen Traum, Schriftsteller zu werden, zu verwirklichen, nimmt Helen zwei Jobs an und wird ziemlich unglücklich.

Leihen Sie sich den Film einfach mal aus. Ich verspreche Ihnen, Sie werden einen vergnüglichen Abend haben.

Was jeder mit ein wenig Lebenserfahrung weiß und was der Film sehr schön zeigt, ist, dass es Augenblicke gibt, von denen der weitere Verlauf unseres Lebens abhängt. Manchmal sind das Momente, in denen wir aktiv die eine oder andere Entscheidung treffen; manchmal aber reagieren wir auch nur passiv auf äußere Einflüsse. Das Ärgerliche dabei ist, dass wir häufig erst im Nachhinein feststellen, dass wir gerade einen solchen Augenblick durchlebt haben.

Stellen Sie sich vor, was es bedeuten würde, wenn wir uns aktiv auf solche Momente der Wahrheit vorbereiten könnten.

Natürlich ist es im Alltag unmöglich, für jede Eventualität einen Plan zu machen und auf alles angemessen zu reagieren. Das Schöne an den geplanten Veränderungen und persönlichen Entwicklungen, von denen dieses Buch handelt, ist aber gerade, dass sich hier solche Augenblicke der Wahrheit vergleichsweise leicht vorherbestimmen lassen. Wenn Sie an einer wichtigen Veränderung in Ihrem Leben arbeiten, ist es nur logisch, wenn Sie dafür Zeit und Energie investieren.

Aller Anfang ist schwer

In diesem Kapitel versuchen wir zu bestimmen, in welchen Momenten Sie im Verlauf Ihres Veränderungsprozesses möglicherweise rückfallgefährdet sind. Im nächsten Kapitel werden dann einige effektive Techniken vorgestellt, die Ihnen helfen werden, konsequent zu bleiben und nicht aufzugeben.

Es mag Sie überraschen oder auch nicht: Viele Menschen, die sich zu einer Veränderung entschließen, geben wenig später schon wieder auf. Alte Verhaltensweisen preiszugeben und Neues zu tun, ist besonders zu Beginn mit Unsicherheitsgefühlen verbunden. Auch Ihr Umfeld muss sich erst an Ihr neues Verhalten gewöhnen. Und es dauert in der Regel recht lange, bis die positiven Resultate für Sie sichtbar werden. Weil das alte Verhalten hingegen in der Regel sehr wohl mit einem guten Gefühl verknüpft ist, ist die Rückfallwahrscheinlichkeit gerade zu Beginn sehr groß.

Vor einiger Zeit habe ich an einer Schulung für Automechaniker mitgewirkt. Diese hatten endlich begriffen, was der Rest der Menschheit schon immer wusste: Sie waren nicht kundenfreundlich genug. Besonders die Werkstattmeister, die mit den Kunden sprechen mussten, gaben in allen Untersuchungen ein enttäuschendes Bild ab. In mehreren Workshops diskutierten diese Beschäftigten (vorrangig Männer zwischen 40 und 50) nun darüber, was sie besser machen könnten. So wollten sie beispielsweise den Kunden binnen zehn Sekunden nach dessen Eintreffen begrüßen und ihn nach seinen Wünschen fragen.

Anschließend sollten sie sagen, welche Probleme dabei möglicherweise auftreten würden. Angesichts der Anwesenheit so vieler Kollegen machte anfangs keiner den Mund auf. Aber dann nahm einer seinen Mut *Meine Kollegen werden denken: dieser Schleimbeutel!* zusammen und sagte: »Wenn ich nächsten Montag das erste Mal so mit unseren Kunden rede, wird mir, fürchte ich, der kalte Schweiß herunterlaufen. Meine Kollegen werden hinter der Tür stehen und lauschen, und sie werden sich anschauen und denken: dieser Schleimbeutel!«

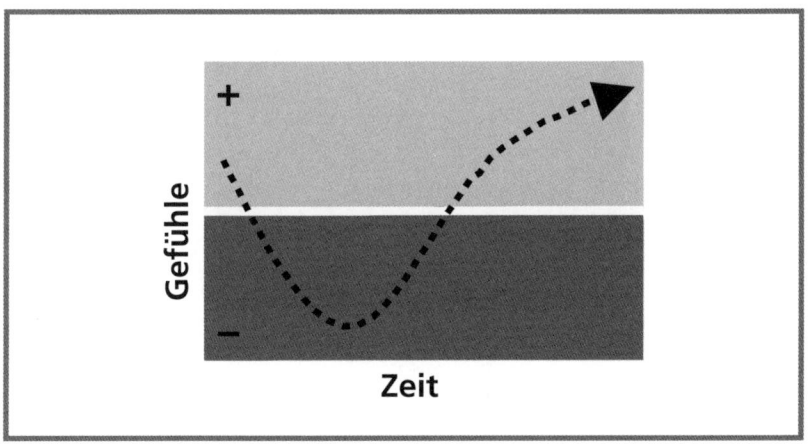

Zu Beginn eines Veränderungsprozesses fühlen wir uns häufig unsicher und frustriert …

Typische Rückfallsituationen

Die Krisensituationen zu Beginn des Veränderungsprozesses und die Stressmomente in seinem weiteren Verlauf haben eines gemeinsam: Sie bieten haufenweise Anreize, unser altes Verhalten, das wir schon überwunden glaubten, wieder zu reaktivieren. Während wir versuchen, unser Leben bewusst und geplant in eine andere Richtung zu lenken, sorgen solche Situationen für Druck auf jene Knöpfe unseres MP3-Players, die die alten Lieder erneut erklingen lassen.

Ein paar Beispiele:

- Sie wollen von jetzt an freundlicher und geduldiger zu Ihrem Partner sein. Aber wenn Sie etwas Blödsinniges anstellen, erhalten Sie eine Breitseite – natürlich völlig ungerechtfertigterweise, wenn man Sie fragt.
- Sie wollen künftig mehr Verständnis für die Menschen in Ihrem Umfeld zeigen und Ihren Ärger im Zaum halten. Aber als Sie mit dem Fahrrad unterwegs sind, werden Sie von einem jungen Autofahrer in einer 20 Jahre alten Klapperkiste mit Sportauspuff geschnitten.
- Sie wollen in Zukunft gesünder leben und auf Fast Food verzichten. Aber in dieser Woche hat Ihr Jüngster Geburtstag und der Tisch biegt sich vor Kuchen, Crackern, Schokolade und Pommes.
- Seit Kurzem arbeiten Sie einen Tag in der Woche weniger, aber gerade jetzt erhält Ihre Firma einen Großauftrag, und alle müssen mithelfen. Auch Ihre Unterstützung ist gefragt.

Ich war in allen vier Situationen. Und ich habe am eigenen Leibe erfahren, dass es nur gelingt, die eigenen Absichten in die Tat umzusetzen, wenn man auf diese Art von Situationen vorbereitet ist.

Das Gute ist, dass wir alle über die Fähigkeit verfügen, solche Situationen im Vorfeld zu erkennen. Es sind die Situationen, die uns schon vorher nervös machen oder geradezu Angst einjagen. Es ist gesund, von Zeit zu Zeit Angst zu haben. Wenn wir vor nichts Angst hätten, würden wir nicht lange überleben. Und Angst kann uns auch helfen,

Situationen zu erkennen, in denen sich unser weiterer Lebensweg entscheidet. Situationen, in denen wir Mut zeigen müssen. Situationen, in denen wir unsere Angst buchstäblich besiegen müssen.

Unerwartete Krisensituationen

Aller Anfang ist schwer. Wir alle wissen, dass das stimmt. Und indem wir auf unsere Ängste hören, können wir einige weitere »Momente der Wahrheit« im Vorfeld erkennen.

Aber, werden Sie möglicherweise denken, ich kann unmöglich alle potenziellen Stolpersteine vorhersehen. Werde ich jemals auf alle Eventualitäten vorbereitet sein? Früher oder später werde ich in eine unerwartete Krisensituation geraten und mich notgedrungen geschlagen geben.

Das ist einerseits richtig und andererseits auch wieder nicht. Richtig ist, dass es unerwartete Krisensituationen geben wird. Aber muss das zwangsläufig heißen, dass Sie in Ihre alten Gewohnheiten zurückfallen, von denen Sie Abschied nehmen wollten?

Es ist tatsächlich nicht schwer, sich gegen unerwartete Begebenheiten und Situationen zu wappnen. Eines wissen Sie: Mit Unerwartetem müssen Sie rechnen. Und auch die Krisensituation, mit der Sie bereits gerechnet haben, kann sich als sehr viel kritischer herausstellen, als Sie erwartet haben. Wann immer so ein Fall eintritt, rate ich Ihnen, auf eine der im folgenden Kapitel vorgestellten Techniken zurückzugreifen, die speziell für unerwartete Krisensituationen oder erwartete Krisensituationen, die sich als unerwartet schwierig herausstellen, gedacht sind. Betrachten Sie sie als eine Art Erste-Hilfe-Set. Sobald ein unerwarteter Notfall eintritt, wissen Sie, wie Sie damit umgehen müssen.

Stress und Erschöpfung

Gelegentlich höre ich Menschen sagen, dass sie unter Druck am besten arbeiten. Ich selbst kenne das auch. Natürlich kann ich auch ohne Deadline einen guten Artikel schreiben, aber mit Termindruck gelingt mir das viel besser. Ebenso richtig ist jedoch, dass zu viel Druck zulasten der Qualität geht. Wenn ich einen Artikel in einer Viertelstunde schreiben soll, obwohl ich dazu normalerweise mindestens eine Stunde benötige, habe ich ein Problem.

Situationen, in denen wir stark unter Druck stehen, in denen wir richtig gestresst sind, lassen uns in der Regel unsere guten Vorsätze vergessen; wir sind weniger kreativ bei der Suche nach neuen Möglichkeiten und fallen in unsere alten Gewohnheiten zurück. Und häufig sind das ja jene Gewohnheiten, von denen wir uns verabschieden wollen.

Zudem scheint Stress sich automatisch zu verstärken. Überlegen Sie, wie es war, als Sie sich zuletzt mit jemandem gestritten haben. Wie ist es zu dieser Auseinandersetzung gekommen? Vermutlich befanden Sie selbst sich in einer Situation, in der Sie stark unter Druck standen. Sie mussten zu einem Termin. Oder jemand sagte etwas, was Ihnen nicht gefiel. Oder beides – das funktioniert noch besser! Ihr Körper schüttete Stresshormone aus, die schuld daran waren, dass Sie etwas Unfreundliches erwiderten. Die Situation wurde dadurch noch angespannter, was wiederum bei Ihnen und Ihrem Gegenüber zu einer Vervielfältigung der Stresshormone führte.

Bei einem handfesten Streit weiß man irgendwann nicht mehr, was man sagt. Im Nachhinein fragen Sie sich dann, warum es immer so laufen muss.

Die Folge war ein handfester Streit, bei dem Sie irgendwann nicht einmal mehr wussten, was Sie sagten. Im Nachhinein fragten Sie sich dann, warum es immer so laufen muss. (Diese kleine Geschichte liefert Ihnen natürlich die Antwort dazu.)

Besonders rückfallgefährdet sind wir in Situationen, in denen wir unter Druck stehen, sehr müde oder von einem langen Arbeitstag erschöpft sind. Dann vergessen wir unsere guten Vorsätze und nehmen nur noch die mit der Veränderung verbundenen Schmerzen wahr.

Antizipieren hilft wirklich

Der Psychologe Peter Gollwitzer untersuchte vor vielen Jahren das Phänomen der Antizipation kritischer Momente. Danach scheint es, dass im Voraus erstellte einfache Pläne für die Bewältigung von Problemsituationen unsere Erfolgswahrscheinlichkeit entscheidend verbessern.

Ein Beispiel aus seiner Forschung: Kurz vor der Weihnachtspause bat Gollwitzer seine Studenten, 48 Stunden nach dem Weihnachtsabend einen Bericht darüber bei ihm abzuliefern, wie sie diesen verbracht hatten. Er erzählte ihnen, dass er an einer Untersuchung über das Freizeitverhalten deutscher Studenten arbeite.

Eine erste Gruppe erhielt lediglich den genannten Auftrag. Gollwitzer wünschte ihnen vermutlich noch viel Glück und frohe Weihnachten und schickte sie in die Ferien. Die übrigen Studenten erhielten zwar denselben Auftrag, sollten aber zusätzlich im Vorfeld angeben, wann und wo sie ihren Bericht schreiben wollten. Gollwitzer dachte sich, dass Weihnachten nicht gerade die ideale Zeit für das Abfassen von Berichten ist. Geselligkeit, Familienbesuche und andere Unternehmungen machen es schwierig, sich an diesen Tagen auch noch an den Schreibtisch zu setzen.

Das Ergebnis fiel deutlich aus. Von den Studenten, die nicht zuvor darüber nachgedacht hatten, wann und wo sie den Bericht in dieser schwierigen Zeit schreiben wollten, hielten 33 Prozent den Abgabetermin ein. Von den Studenten hingegen, die sich bewusst einen Plan für die Berichterstellung gemacht hatten, gaben 75 Prozent den Bericht rechtzeitig ab.

Weitere von Gollwitzer und seinen Assistenten durchgeführte Untersuchungen kamen zu ähnlichen Resultaten. Die Vorbereitung auf schwierige Situationen vergrößert die Chance einer erfolgreichen Verwirklichung unserer Absichten um einen Faktor von zwei bis vier! Das nächste Kapitel ist komplett diesem Thema gewidmet.

Träumen, Wagen, Tun …

■ Wir fallen nicht »einfach so« in alte Verhaltensweisen zurück. Das passiert vielmehr in kritischen Augenblicken, die wir lange im Voraus erkennen können.

■ Stress und Erschöpfung sind Faktoren, die uns in alte, ineffektive Verhaltensweisen zurückfallen lassen. Das geschieht besonders häufig zu Beginn des Veränderungsprozesses.

■ Die aktive Vorwegnahme kritischer Momente erweist sich als effektive Schutzmaßnahme. Die Erfolgswahrscheinlichkeit erhöht sich dadurch um einen Faktor von 2 bis 4.

»Ich hatte komplett die Kontrolle über meine Zeit verloren«

■ Vor zwei Jahren wurde **Harold (31)** Mitinhaber eines Beratungsunternehmens, nachdem er jahrelang als selbstständiger Unternehmensberater tätig gewesen war. »Die ersten Monate waren für mich sehr schwierig. Ich führte mehr oder weniger zwei Unternehmen parallel, weil mich auch ehemalige Klienten noch anriefen. Zudem empfand ich mich als sehr jung für das, was ich tat. Ich wusste, dass die Mitarbeiter meines neuen Unternehmens in mir ein Vorbild sahen, und hatte das Gefühl, dieser Rolle nicht gerecht zu werden.«

Ich fühlte mich gestresst und war der Verzweiflung nahe.

»Außerdem fühlte ich mich erdrückt von meinem täglichen Terminkalender. Mir entglitt die Kontrolle über meine Arbeit. Anfangs konnte ich die Dinge noch in ihre Relationen setzen, bis der Druck irgendwann einfach zu groß wurde. Auch im privaten Bereich geschah so allerlei, sodass ich keine Ruhe mehr fand. Ich fühlte mich gestresst und war der Verzweiflung nahe.«

Harold sprach beim Joggen mit einem Freund über seine Probleme.

»Irgendwann fragte er mich, ob ich an etwas zurückdenken könne, was mir gelungen sei und was ich als Erfolg verbucht habe. Während wir sprachen, erwähnte ich, dass ich das Rauchen aufgegeben hätte. Nachdem ich zwei Packungen täglich geraucht hatte und schwer abhängig gewesen war, war es mir mithilfe eines Kurses gelungen, davon loszukommen. Aber es war ein harter Kampf gewesen.

Das brachte mir zu Bewusstsein, dass ein Veränderungsprozess ein Kampf ist, der nicht über Nacht gewonnen wird. Das war der Augenblick, in dem ich erkannte, dass ich mich verändern konnte und dass ich es lediglich zu tun brauchte.

Bei der Arbeit begann ich, das Ruder wieder vermehrt selbst in die Hand zu nehmen. Zu den wichtigsten Regeln, die ich mir setzte, gehörte, dass mein Terminkalender fortan bis halb zehn leer zu bleiben hatte. So hatte ich morgens Zeit, mich auf den Tag vorzubereiten, E-Mails zu lesen und dringende Telefongespräche zu erledigen. Andernfalls kommen Ihnen diese Dinge den ganzen Tag über immer wieder in den Kopf. Auch auf einen ruhigen Tagesabschluss legte ich fortan Wert. Mir war dabei sofort klar, dass ich fest zu diesen Regeln stehen musste – vor mir selbst und vor anderen –, um nicht wieder in die alten Gepflogenheiten zurückzufallen. Als Nächstes begann ich auch wieder zu ›kämpfen‹. Wenn ich sah, dass etwas nicht funktionierte, suchte ich unmittelbar nach einer Lösung. Die Gespräche während des Joggens haben mich sehr viel weitergebracht. Sie haben mir viel Antrieb und Kraft gegeben. Ich sah, dass es funktionierte, und das motivierte mich, weiterzumachen.«

Der schwierigste Augenblick kam im Sommer.

»Ich war gerade aus den Ferien zurück und verlor für mehrere Wochen komplett die Kontrolle. Ich hatte viel Extraarbeit und diverse Besprechungen, und ich spürte, wie sich meine Position veränderte. Die Leute betrachteten mich immer mehr als Mitinhaber. Ich verlor die Kontrolle über meinen Terminkalender und hatte das Gefühl, dass ich mit nichts mehr hinterherkam. Das machte mir Angst.

Ich begann, mit zwei Menschen darüber zu reden, die ich mir bewusst ausgesucht hatte, und dachte wieder an die Zeit zurück, als ich mit dem Rauchen aufgehört hatte. Ich erinnerte mich, wie viel Mühe es mich damals gekostet hatte und wie groß die Versuchung gewesen war, wieder anzufangen. Und auch, wie glücklich ich nun war, dass ich durchgehalten hatte. Und ich begann, mich wieder streng an meine Regeln zu halten. Die wichtigste Regel bleibt: Beginne den Tag ruhig und beende ihn ruhig.

Vor ein paar Wochen wurde es wieder sehr hektisch, und ich bemerkte, dass ich diesmal nicht in Panik verfiel. Ich dachte lediglich: Nun ja, das ist eine hektische Woche, na und? Wann immer es mir jetzt zu viel wird, versuche ich, mit jemandem darüber zu sprechen. Tatsächlich ist es mir gelungen, in kurzer Zeit eine ganze Menge zu verändern. Ich habe viel gelernt, und es macht mich glücklich, dass ich es geschafft habe!«

Träumen, Wagen, Tun ...

■ Schaffen Sie sich zunächst in Ruhe einen Überblick, wenn Sie etwas verändern wollen. Stress und Erschöpfung führen leicht dazu, dass Sie in Ihre alten, ineffektiven Gewohnheiten zurückfallen.

■ Halten Sie die Erinnerung an Ihre Erfolgsmomente wach. Momente, in denen Sie etwas zustande gebracht haben, was Sie noch immer mit Stolz erfüllt.

■ Suchen Sie aktiv nach Menschen, mit denen Sie reden können. Sprechen Sie über Probleme und mögliche Lösungen. Häufig verhelfen Ihnen solche Gespräche zu ganz neuen Einsichten.

8. Wagen: Wie Sie schwierige Momente meistern

- Techniken, die in schwierigen Augenblicken helfen
- Wie wichtig es ist, sich Hilfe zu holen
- Keine Zeit für Veränderungen? Einige praktische Tipps!

Im letzten Jahr konnten Besucher meiner Website *www.tiggelaar.com* einen Selbsttest machen. In diesem Test – den Sie auf Seite 143 bis 150 dieses Buches abgedruckt finden – wurden sie gefragt, wie sie mit Veränderungen umgehen. Ob sie ihre Wünsche im Vorwege in konkretes Verhalten übersetzen, ob sie problematische Situationen antizipieren und so weiter. Je nach ihren Antworten bekamen sie gute, mittelmäßige oder schlechte Veränderererqualitäten attestiert. Den Test absolvierten übrigens mehr als 5000 Menschen. Was mir besonders auffiel, war, dass das Thema dieses Kapitels offenbar einen ganz entscheidenden Punkt für den weiteren Verlauf des Veränderungsprozesses darstellt.

Die meisten Testpersonen antworteten nämlich, dass sie schwierige Augenblicke im Voraus zu erkennen vermochten, dass sie aber nicht in der Lage waren, eine Vorstellung davon zu entwickeln, wie sie diese Situationen überstehen könnten. Sie wussten, was alles schiefgehen konnte, aber sie konnten mit diesem Wissen nichts anfangen. Das ist natürlich nicht besonders zweckdienlich: sich vor diversen kritischen Situationen zu fürchten, die den Veränderungsprozess möglicherweise in Gefahr bringen, ohne zu wissen, wie man sie bestehen soll. Ich vermute, dass sich viele Menschen aus ebendiesem Grund gar nicht erst auf einen Veränderungsprozess einlassen. Die Angst vor einer Krise nimmt ihnen von vornherein den Mut.

Ich sprach bereits davon, dass jeder Schritt in diesem Buch zugleich Ihre Motivation testet. Obwohl die vorgestellten Techniken dazu gedacht sind, Veränderungsprozesse zu erleichtern und effektiver zu machen, erfordern sie selbst ebenfalls einen gewissen Einsatz.

Zuerst müssen Sie sich die Mühe machen, sie zur Kenntnis zu nehmen und zu verstehen. Anschließend benötigen Sie Aufmerksamkeit, Energie und Zeit, um sie in der Praxis anzuwenden. Mit ist bewusst, dass das für einige Menschen kein leichtes Angehen ist. Die Alternative ist jedoch, dass Sie weiter das tun, was Sie bisher getan haben, und auch weiter das bekommen, was Sie bisher bekommen haben. Klingt wie ein Klischee? Aber das sind Klischees nun mal: simple Wahrheiten.

Drei Techniken, die funktionieren

Welche Techniken helfen uns, in kritischen Situationen durchzuhalten? Wie schützen wir uns vor einem Rückfall?

Viele Menschen glauben, sie könnten ihre Ziele mit bloßer Willenskraft erreichen. »Sie müssen es nur wirklich wollen«, heißt es dann. Klingt auch gut, hilft aber in echten Krisenmomenten nicht weiter. Solche Situationen erzeugen definitionsgemäß viel Stress. Die Ereignisse und die Menschen in unserem unmittelbaren Umfeld setzen uns unter Druck. Und unter großem Stress versagt unsere bewusste Kontrolle, sodass wir den Autopiloten einschalten.

Unter großem Stress versagt unsere bewusste Kontrolle, sodass wir den Autopiloten einschalten.

Und das Ärgerlichste: Indem Sie in solchen Augenblicken versuchen, Ihren langfristigen Interessen allein mit Ihrer Willenskraft zum Sieg über Ihre kurzfristigen Interessen zu verhelfen, machen Sie sich nur noch mehr Stress. Ein Teufelskreis, bei dem Ihre alten Gewohnheiten am Ende den Sieg davontragen.

Ein anderer Rat, den wir gelegentlich hören: Vermeiden Sie Situationen, die zu Rückfällen verleiten können. Das hilft zwar schon etwas weiter, ist aber ebenfalls keine Langzeitlösung. Als ehemaliger Raucher werden Sie früher oder später auf alte Freunde treffen, die immer noch rauchen. Als ehemaliger Nascher kommen Sie irgendwann an den Regalen vor den Supermarktkassen vorbei.

Aber ich gebe zu: Anfangs ist es sehr wohl ratsam, Verlockungen aus dem Weg zu gehen, die den Durchhaltewillen allzu sehr auf die Probe stellen. So ist es sicherlich eine gute Idee, Veränderungen in Augenblicken zu starten, in denen Sie nicht allzu sehr unter Stress stehen, wie beispielsweise während eines längeren Urlaubs (aber Achtung: die ersten Ferientage sind für viele Menschen sehr stressbeladen). Dennoch muss Ihnen klar sein, dass Sie um die Konfrontation mit der harten Wirklichkeit nicht dauerhaft herumkommen.

Was bleibt also? Sie können die Situation in den Griff bekommen, indem Sie in kritischen Augenblicken zusätzliche Anreize schaffen. Anreize, die Ihnen helfen, an ihrem veränderten Verhalten festzuhalten. Wie wenn Sie in den Momenten, auf die es besonders ankommt, auf Ihrem MP3-Player gezielt noch ein paar andere Knöpfe drücken. Dabei kann es sich um *Gedächtnisstützen* (Technik Nummer eins: Verhalten folgt auf Reiz) oder *Belohnungen* (Technik Nummer zwei: Reiz folgt auf Verhalten) handeln.

Ein Beispiel: Sie möchten im beruflichen Umfeld bestimmte Anfragen häufiger einmal mit einem »Nein« quittieren. Sorgen Sie im Vorwege dafür, dass Sie im richtigen Augenblick daran denken (vielleicht, indem Sie es sich auf die Hand schreiben), und gönnen Sie sich eine Belohnung, nachdem Sie tatsächlich »Nein« gesagt haben (tun oder sagen Sie sich etwas, was Ihnen richtig gut gefällt).

Anschließend können wir uns antrainieren, schwierigen Situationen aktiv zu begegnen. Es geht somit um Verhaltensweisen, die uns helfen, unsere Absichten auszuführen. Das ist Technik Nummer drei.

Ein einfaches Beispiel für das aktive Bewältigen schwieriger Situationen ist die Methode der *Auszeit*. Anstatt unmittelbar auf die Bemerkungen des Gegenübers zu reagieren, gewähren wir uns eine kurze Pause. Damit lenken wir unsere Aufmerksamkeit aktiv in eine andere Richtung. Nachdem der erste Moment des Frustes oder der Versuchung verflogen ist, können wir sehr viel leichter an unseren Absichten festhalten.

Technik 1: Gedächtnisstützen, um mehr zu wagen

Um sich selbst in schwierigen Momenten an wichtige Absichten zu erinnern, ist alles erlaubt, was nützt. Hier einige Vorschläge:

- Ihr Terminplaner ist ein guter Ort, um sich täglich an Ihren Vorsatz, an Ihre Verhaltensabsichten zu erinnern. In meinem Kalender liegt seit Jahren ein Kärtchen, auf dem ich entsprechende Dinge notiert habe. Jede Woche wandert dieses Kärtchen mit.
- Befestigen Sie Erinnerungsaufkleber dort, wo Sie sie benötigen. Zum Beispiel auf Ihrem Kühlschrank, auf Ihrem Computer, auf Ihrem Fernseher oder an anderen Orten, wo Sie versucht sind, Dinge zu tun, die Sie eigentlich nicht tun wollen.
- Legen Sie einen Zettel in Ihre Brieftasche für den Augenblick, in dem Sie »unerwartet« in eine kritische Situation geraten. Notieren Sie auf diesem Zettel Ihren tiefsten persönlichen Grund, warum Ihnen die Veränderung wichtig ist.
- Machen Sie sich ein Armband (oder lassen Sie eines machen), das Sie an Ihre Ziele und Absichten erinnert.
- Malen Sie sich schwierige Augenblicke im Voraus so realistisch wie möglich vor Ihrem inneren Auge aus. Wählen Sie im Rahmen dieses Szenarios ein Moment aus, das Sie als »Auslöser« für Ihre absichtsgeleitete Reaktion verwenden können: »Wenn das und das passiert oder die anderen sich so und so verhalten, werde ich tun, was ich mir vorgenommen habe.«

Eine andere gute Idee besteht darin, mit Menschen aus Ihrem Umfeld Absprachen zu treffen. Bitten Sie sie, Ihnen bei Ihrem Veränderungsprozess zu helfen. Indem Sie den Menschen, die Ihnen lieb und teuer sind, von der beabsichtigten Veränderung nichts verraten, machen Sie es sich selbst unnötig schwer. Menschen, mit denen Sie häufig zu tun haben, üben naturgemäß einen großen Einfluss auf Ihr Verhalten aus. Dieser Einfluss kann positiv oder negativ sein. Sorgen Sie dafür, dass er in die richtige Richtung weist:

- Vereinbaren Sie mit Ihrem Partner, dass er Sie in schwierigen Situationen an eine konkrete Absicht erinnert, beispielsweise durch ein bestimmtes Zeichen.
- Verabreden Sie mit Kollegen, sich in einem bestimmten Veränderungsprozess wechselseitig zu unterstützen. Sie könnten beispielsweise wöchentlich einmal während des Mittagessens über das jeweilige Thema sprechen.

Einige Tipps für die Verwendung von Gedächtnisstützen:

- Verwenden Sie Worte oder Signale mit emotionalem Bedeutungsgehalt. Setzen Sie oben auf die Erinnerungsnotiz Ihren Namen. Sie werden dann mit Sicherheit öfter einen Blick darauf werfen.
- Wechseln Sie Ihre Gedächtnisstützen regelmäßig. Sobald eine Gedächtnisstütze zur Gewohnheit geworden ist, wirkt sie nicht mehr und sollte durch etwas Neues ersetzt werden.

Technik 2: Belohnungen, um mehr zu wagen

Im nächsten Kapitel werde ich näher darauf eingehen, wie wir uns selbst belohnen und Verhaltensweisen mittels Belohnungen verstärken können. Wichtig ist, dass Sie diese Belohnungen in schwierigen Situationen besonders attraktiv gestalten, um Ihr Durchhaltevermögen zu steigern. Schützen Sie sich vor einem starken kurzfristigen Frustgefühl mittels einer kurzfristigen Belohnung, die mindestens zwei- bis dreimal so groß ist. Die Belohnung sollte so attraktiv sein, dass Sie schön dumm wären, sie sich entgehen zu lassen. Was kommt hier infrage? Einige Vorschläge:

- Geben Sie sich Punkte für jeden Tag, den Sie Ihr neues Verhalten durchhalten, und Bonuspunkte für das Durchhalten in schwierigen Situationen. Wenn Sie 100 Punkte haben, nehmen Sie einen Tag frei, gehen ins Einkaufszentrum und kaufen sich etwas Neues zum Anziehen. Oder etwas anderes, was Ihnen viel bedeutet.
- Feiern Sie sich umgehend für Ihre Ausdauer. Nehmen Sie den Rest des Tages frei und belohnen Sie sich mit einem geruhsamen Nachmittag und Abend. Kaufen Sie sich ein neues Buch, nehmen Sie ein langes Bad, schauen Sie eine neue DVD an. Kurz, genießen Sie die Situation, und sagen Sie sich mindestens zehnmal, wie stolz Sie auf sich sind, weil Sie durchgehalten haben.

Um das Durchhalten in einer Krisensituation zu belohnen, kann die Hilfe anderer Menschen gute Dienste leisten.

- Wenn Sie wissen, dass Ihnen ein harter Tag bevorsteht, können Sie für den Abend ein Essen planen, um Ihren Erfolg zu feiern.
- Vereinbaren Sie mit Ihrem Partner, dass er für Sie eine Überraschung bereithält für das Durchhalten auch in Krisensituationen. Das Moment der Überraschung verstärkt den Belohnungscharakter für Sie.

Manche Menschen können mit allzu großzügigen Belohnungen nicht so gut umgehen. Das ist logisch, wenn man wie ich aus einer Kultur kommt, in der die Keksdose wieder zugemacht wird, nachdem einem ein Keks angeboten wurde. Verstehen Sie mich nicht falsch, ich plädiere nicht für ungezügelten Hedonismus. Im Sinne von: »Jetzt wollen wir mal die Sau rauslassen.« Was ich deutlich zu machen versuche, ist, dass Sie es mit der frustrierenden Kraft einer Krisensituation nicht aufnehmen können, wenn Sie nicht etwas Stärkeres in petto haben.

Technik 3: Schwierigen Situationen aktiv begegnen, um mehr zu wagen

Bei der dritten Technik geht es darum, sich mit dem eigenen Verhalten aktiv gegen die negativen Verlockungen einer Krisensituation zu stemmen. Sie hindern sich selbst daran, in die alten Gewohnheiten zurückzufallen, von denen Sie loskommen wollen. Es folgen einige Vorschläge, wie Sie erwartete und unerwartete Problemsituationen besser bestehen können.

Sprechen: eine der gebräuchlichsten Formen der aktiven Krisenbewältigung. Sprechen Sie in schwierigen Situationen mit sich selbst. Laut oder still im Kopf. Wenn ich beim Skifahren vor einem Hang stehe, der für mich eigentlich zu schwer ist, versuche ich meine Angst zu überwinden, indem ich laut mit mir selbst rede, während ich den Hang hinabfahre.

Mit Krisensituationen in persönlichen Veränderungsprozessen funktioniert das nicht anders. Legen Sie sich einige Dinge zurecht, die Sie sich in Problemsituationen sagen können. Dinge wie: »Du hast dich darauf vorbereitet. Jetzt ist der Augenblick da! Wenn du durchhältst, bist du ein Held. Du weißt, dass du es kannst; tu es!« Auf dieselbe Weise können Sie fatalistische Gedanken bekämpfen. Wenn Sie negative Gedanken bemerken, sagen Sie zu sich selbst: »Stopp! Sofort!«, und rufen sich einen Ihrer schönsten Erfolge ins Gedächtnis. Eine Erinnerung aus dem Zentrum Ihres JA-Bereichs.

Denken: Üben Sie, in Bildern zu denken. Ich selbst habe es mir antrainiert, jedes Mal, wenn ich an einem Drive-in-Restaurant vorbeikomme, mir automatisch das Bild eines viel zu fetten Mannes zu vergegenwärtigen. Das ist sehr einfach: Rufen Sie sich das Logo des Drive-in-Restaurants vor Ihr inneres Auge und ersetzen Sie es wiederholt durch einen erschreckend dicken Menschen. Und damit meine ich wirklich erschreckend! Wenn Sie das ungefähr eine Minute lang tun, werden Sie das nächste Mal, wenn Sie das Logo sehen, unwillkürlich auch an dieses Bild denken. *Das ist natürlich furchtbar kindisch! Aber mir hat es mehrere Jahre lang geholfen,*

Das ist natürlich furchtbar kindisch! Aber mir hat es mehrere Jahre lang geholfen.

nicht bei jedem Fast-Food-Restaurant anzuhalten und ein Big-Mac-Menü zu bestellen.

Was auch hilft, ist, Krisensituationen vorsätzlich durch eine verzerrende Brille zu betrachten. Suchen Sie aktiv nach den komischen Aspekten einer Krise. Oder inspizieren Sie sie mit klinisch-distanziertem Blick. So schützen Sie sich selbst vor einem automatischen Rückfall in das alte Verhalten.

Üben Sie, in Bildern zu denken!

Bewegung: Ihre Körperhaltung hat unmittelbaren Einfluss darauf, wie Sie sich fühlen. Indem Sie aufrechter sitzen oder stehen oder indem Sie ein freundliches Gesicht machen, stärken Sie Ihr Selbstbewusstsein. Warum versuchen Sie es nicht einmal? Indem Sie sich schneller als sonst bewegen, lösen Sie einen Adrenalinschub aus. Und indem Sie sich langsamer als üblich bewegen, werden Sie ruhiger. Ein rascherer Atem macht Sie aktiver, ein ruhiger Atem passiver.

In meinen Seminaren lasse ich die Teilnehmer häufig Bewegungen zu Musik machen. Unglaublich, wie das ihre Stimmung beeinflusst. Der beste Rat, den ich Ihnen geben kann, ist, mit Ihrer Körperhaltung, Ihren Bewegungen und Ihrem Atem zu experimentieren. Entdecken Sie, was das für Ihre Gedanken und Gefühle bringt. Machen Sie ein paar entsprechende Übungen, wenn Sie wissen, dass Ihnen eine kritische Situation bevorsteht.

Gefühle: Alle oben beschriebenen Formen der aktiven Krisenbewältigung wirken sich unmittelbar auf Ihre Gefühle aus. Eine Reizquelle, mit der Sie Ihre Gefühle tiefgreifend beeinflussen können, ist Musik. Wenn ich mir im Auto auf dem Weg zu einem Seminar meine Lieblingsmusik vorspiele, steige ich bereits mit einem guten Gefühl aus. Sorgen Sie dafür, dass Sie in schwierigen Situationen stets Musik griffbereit haben, mit der Sie sich aufputschen oder beruhigen können.

Sie können Gefühle auch aktiv erzeugen, indem Sie bestimmte Bilder heraufbeschwören. So hilft es beispielsweise, sich bewusst vorzustellen, wie sehr Sie es nachträglich bedauern werden, wenn Sie unter dem Druck der Situation oder unter dem Druck bestimmter Personen die bereits getätigte Investition mir nichts dir nichts zwischen den Fingern zerrinnen ließen. Probieren Sie es aus: Experimentieren Sie mit Ihrem Gefühlshaushalt. Wenn Sie nicht die Kontrolle über sich selbst übernehmen, tun es andere für Sie.

Keine Zeit für Veränderungen!

Eine Sache, die viele Menschen davon abhält, sich auf Veränderungen einzulassen oder sie konsequent weiterzuverfolgen, ist Zeitmangel. Der Tag hat nur 24 Stunden und es gibt so viel zu tun. Man könnte sagen: Zeitmanagement ist eine spezielle Form der aktiven Krisenbewältigung. Indem wir unsere Zeit besser einteilen, schaffen wir Raum für wichtige Veränderungen.

Der amerikanische Autor Stephen Covey empfiehlt uns, alles, was wir tun, nach Wichtigkeit und Dringlichkeit zu kategorisieren. Ihr Vorteil ist es, dass Sie bereits wissen, was für Sie wichtig ist! Nehmen Sie Ihren Terminplaner oder Kalender zur Hand und fragen Sie sich: Was von den eingetragenen Dingen ist in erster Linie wichtig und was ist in erster Linie dringlich?

- Wie viel Zeit wenden Sie für Dinge auf, die weder wichtig noch dringlich sind, wie beispielsweise Fernsehen?
- Wie viel Zeit wenden Sie für Dinge auf, die nicht wichtig, aber dringlich sind, wie gerade eintreffende E-Mails oder Telefonanrufe?
- Wie viel Zeit verbringen Sie mit Dingen, die sowohl wichtig als auch dringlich sind? Wichtige Dinge, die Sie möglicherweise zu lange vor sich hergeschoben haben?
- Und wie viel Zeit verbringen Sie mit Dingen, die wichtig, aber nicht dringlich sind? Dinge, die langfristig den meisten Nutzen bringen?

Analysieren Sie einmal mit kritischem Blick, wie Sie Ihre Zeit nutzen, und Sie werden diverse Verbesserungsmöglichkeiten entdecken. Wenn Sie dann Ihren Terminplaner für die kommende Zeit ausfüllen, sollten Sie zuerst Dinge einplanen, die wichtig, aber *noch nicht* dringlich sind. Wie beispielsweise die Arbeit an Ihrer Veränderung.

Daneben ist es sinnvoll, einen festen Teil des Tages für dringliche und wichtige Dinge zu reservieren. Wichtige E-Mails, Voicemails und Telefonate. Der feste Zeitrahmen schützt Sie davor, den ganzen Tag über auf diese Art von äußeren Impulsen zu reagieren.

Fast alle Menschen unterschätzen, wie beschäftigt sie in ein paar Wochen sein werden, da ihr Terminkalender jetzt noch vergleichsweise leer ist.

Fast alle Menschen *unterschätzen*, wie beschäftigt sie in ein paar Wochen sein werden, da ihr Terminkalender jetzt noch vergleichsweise leer ist. Das ist auch der Grund, warum wir häufig allzu zuversichtlich uns selbst und anderen gegenüber Versprechungen machen. Seien Sie also ehrlich – und fair – zu sich selbst.

Wenn noch weitere wichtige Tätigkeiten übrig bleiben, sollten Sie zuerst diejenigen in Angriff nehmen, die Ihnen eher unangenehm sind:

- Machen Sie sich morgens eine Übersicht über die zu erledigenden Dinge.
- Gewichten Sie sie nach ihrer Attraktivität, indem Sie ihnen Punkte von 1 (unattraktiv) bis 10 (attraktiv) zuordnen.

- Beginnen Sie mit den unattraktivsten Tätigkeiten.
- Auf diese Weise wird jede weitere Tätigkeit zur Belohnung für die vorausgegangene.
- Der Tag beginnt mit einer Übersicht und endet mit der attraktivsten Tätigkeit.

Ein Drei-Stufen-Plan

In meinen ersten Seminaren zum Thema Selbstmanagement bat ich die Teilnehmer noch, in einem Arbeitsheft zu ihrer beabsichtigten Veränderung nicht weniger als fünfzehn Fragen zu beantworten. Für viele war das frustrierend, weil sie entweder die Antworten nicht klar formulieren konnten oder mit der vorgegebenen Zeit nicht auskamen. Heute verwende ich stattdessen einfache Arbeitsblätter mit nur wenigen zentralen Fragen.

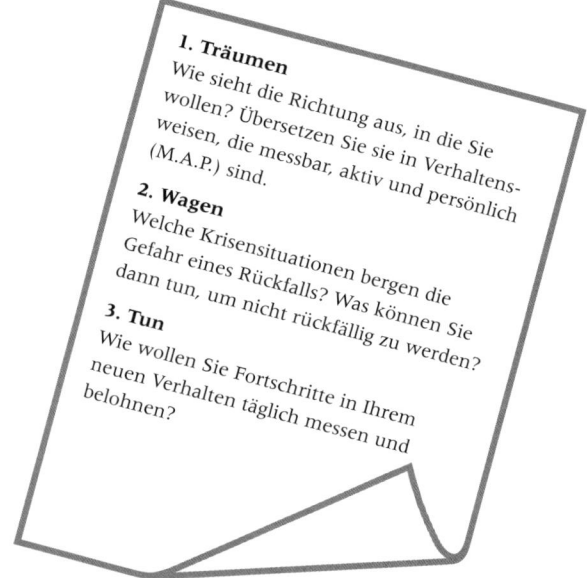

1. Träumen
Wie sieht die Richtung aus, in die Sie wollen? Übersetzen Sie sie in Verhaltensweisen, die messbar, aktiv und persönlich (M.A.P.) sind.

2. Wagen
Welche Krisensituationen bergen die Gefahr eines Rückfalls? Was können Sie dann tun, um nicht rückfällig zu werden?

3. Tun
Wie wollen Sie Fortschritte in Ihrem neuen Verhalten täglich messen und belohnen?

Ein einfaches Arbeitsblatt mit drei wesentlichen Schritten. Weiteres Arbeitsmaterial finden Sie unter www.tiggelaar.com.

Eigentlich ist das alles. Aber Ihnen ist natürlich bewusst, dass es sehr viel schwieriger ist, diese Fragen zu beantworten, als sie zu stellen. Höhen und Tiefen gehören zu diesem Prozess dazu.

Ein sinnvoller Weg könnte darin bestehen, dass Sie Ihre (vorläufigen) Antworten notieren und regelmäßig überprüfen. Wenn Sie Ihre Pläne zu Papier bringen, können Sie darüber klarer und besser nachdenken.

Träumen, Wagen, Tun …

- Gedächtnisstützen helfen Ihnen, in schwierigen Augenblicken durchzuhalten. Immer dann, wenn Sie es am nötigsten haben, müssen Sie sich eindrücklich an Ihre Absichten erinnern.

- Auch Belohnungen helfen. Begegnen Sie dem kurzfristigen Frust in einer Krisensituation mit einer Belohnung, die mindestens zwei- bis dreimal so groß ist.

- Aktive Krisenbewältigung ist die dritte Technik, mit der Sie sich in Krisensituationen helfen können. Schützen Sie sich vor einem Rückfall in alte Gewohnheiten, indem Sie mit sich selbst sprechen, sich bewegen, denken und fühlen.

»Seit ich meine eigene Firma gegründet habe, gibt es immer wieder schwierige Momente«

■ **Claudia (41)** gründete vor nicht allzu langer Zeit ihr eigenes Unternehmen: ein Gymnastikstudio. Als Gymnastiklehrerin entwickelte sie heilgymnastische Übungen, die sich sitzend (beispielsweise im Auto im Verkehrsstau) oder liegend (beispielsweise im Krankenhaus) machen lassen. Den Plan, sich selbstständig zu machen, hatte sie schon seit Jahren gehabt. Um ihn in die Tat umzusetzen, waren Erfahrung und die Unterstützung anderer Menschen erforderlich.

»Bereits vor zwanzig Jahren mietete ich meinen ersten kleinen Saal, wo ich Sportunterricht gab. Aber damals musste ich noch viel lernen. Ich hatte nur mein Basiswissen und verfügte über wenig Unterrichts- und Lebenserfahrung. Die ganzen Jahre danach habe ich ständig irgendwo als Sportlehrerin gearbeitet. Ich unterrichtete Menschen aller Altersklassen und Schultypen.«

Vor acht Jahren entwickelte Claudia eine Beckenschwäche, die ihr das Gehen unmöglich machte. »Nichts half, und ich begann, nach einer Lösung zu suchen, denn ich wollte geheilt werden. Dann fand ich die Übungen, auf denen mein Unternehmen basiert. Nach vier Wochen konnte ich wieder alles machen.

Auf dieser Grundlage habe ich dann weitergearbeitet. Ich habe eine Menge dazugelernt und weiß nun auch genau, warum es funktioniert.

Seit vorigem Jahr beschäftige ich mich eingehender mit Sport- und Chair-Massage, und daraus hat sich mittlerweile ein ganzes Netzwerk entwickelt. Ich lernte immer mehr Menschen kennen. Einer von ihnen hatte selbst ein eigenes Unternehmen gegründet. Er unterstützte mich in praktischen Fragen und ermunterte mich, nicht aufzugeben.«

Menschen, die sie inspirieren und ihr Mut machen, sind für Claudia sehr wichtig. »Wenn in der Vergangenheit jemand sagte: ›Na, wer braucht das denn schon?‹, dann ließ ich meine Ideen und Träume schnell wieder fallen. Ich brauche eben Menschen, die an mich glauben.

Zum Unternehmertum gehört für mich Zusammenarbeit mit anderen unbedingt dazu. Am Anfang steht immer eine Idee, und anschließend braucht man Fachleute, die mit ihren Kenntnissen bei der Realisierung der Idee helfen können. Menschen, die zuhören, aber auch kritische Fragen stellen. Das regt mein Denken an und lässt mich nach neuen Lösungen suchen. Und so komme ich ständig mit neuen Dingen in Kontakt. Die Menschen um mich herum sind sehr wichtig für mich. Ich bedanke mich mit einer Karte oder einer E-Mail. Halte sie auf dem Laufenden über das, was mich gerade beschäftigt. Ich schätze sehr, was sie tun, und erwidere ihre Aufmerksamkeit.«

In der Praxis ist das Durchhalten nicht immer leicht. »Es gab von Anfang an immer wieder schwierige Momente. Geld ist ein Problem. Ferner spüre ich viel Gegenwind von einigen Menschen in meinem Umfeld. Menschen, die nicht verstehen, warum ich etwas Eigenes aufziehen und auf einen festen Job verzichten will. Viele Menschen sehen das so. Bei mir zu Hause hängen Sprüche für schwierige Augenblicke. Da schaue ich häufig drauf, und das hilft.«

»Ich stelle fest, dass du als Unternehmer bereit sein musst, dich aus dem Fenster zu lehnen. Du riskierst etwas, steckst Geld in ein Projekt und musst zutiefst überzeugt sein von dem, was du tust und wozu du in der Lage bist. Das ist sehr schwierig, und nicht immer hältst du durch.

Auch wenn mir manchmal das Herz in die Hose rutscht, halte ich durch.

Dadurch, dass ich viel an mir gearbeitet habe, bin ich ausgeglichener und tatkräftiger geworden. Und zum Glück gibt es nach jeder enttäuschenden Erfahrung auch wieder erfreuliche Dinge. Menschen, die an mich glauben. Und dann denke ich: ›Ja, ich möchte doch weitermachen.‹ Höhen und Tiefen wird es weiterhin geben. Aber mein Gefühl sagt mir, dass ich es schaffen werde. Und auch wenn mir manchmal das Herz in die Hose rutscht, halte ich durch.«

Träumen, Wagen, Tun

- Viele Menschen hegen jahrelang bestimmte Träume und Ambitionen. Schwung kommt aber erst dann in die Sache, wenn zugleich ein Lernprozess einsetzt. Einfach, indem Sie handeln.

- Finden Sie in Ihrem Umfeld inspirierende und motivierende Menschen. Jeder, der eine wichtige Veränderung realisieren will, braucht Unterstützung und Ermunterung.

- Große Veränderungen lassen sich niemals in einem Anlauf realisieren. Es handelt sich um einen Prozess mit Höhen und Tiefen, der Jahre dauern kann.

9. Tun: Über Berg und Tal

- Wie Kinder *und* Erwachsene lernen
- Messen: einfache Tipps, wie Sie Verhaltensfortschritte messen können
- Warum Sie Verhalten statt Resultate belohnen sollten

Meine Tochter Emma muss erst noch Fahrrad fahren lernen. Sie fährt zwar schon länger mit Stützrädern, aber jetzt ist es an der Zeit, es vollends zu lernen. Sie will es selbst: ohne Hilfe richtig Fahrrad fahren. Nachdem ich bereits meinen ersten beiden Kindern das Fahrradfahren beigebracht habe, weiß ich natürlich, wie das geht. Aber nehmen wir mal an, ich wollte es diesmal anders machen.

Ich würde, nur so interessehalber, an Emma eine Methode ausprobieren, die in der Kindererziehung und Erwachsenenbildung gang und gäbe ist. Ich würde im Wohnzimmer Projektor und Leinwand aufbauen, Emma davor auf einen Stuhl setzen und ihr eine halbstündige Präsentation über das Thema »Die Geschichte des Fahrrads« halten. Ich würde mit der Erfindung des Rads beginnen. Erklären, dass es erst nur Laufräder gab, bei denen die Menschen sich mit den Füßen auf dem Boden vorwärtsbewegten. Und ich würde vermutlich mit ein paar Geschichten über berühmte Radsportler wie Eddy Merckx, Bernard Hinault und Lance Armstrong enden.

Nach einer kurzen Pause würde ich noch eine halbe Stunde über die »Funktionsweise des Gleichgewichtsorgans« sprechen. Das wäre dann Teil des obligatorischen Theoriekurses für Fünfjährige, die Fahrrad fahren lernen wollen.

Anschließend würde ich die Stützräder abbauen, meine Tochter auf den Sattel setzen und ihr viel Glück wünschen: »Du weißt jetzt, wie es geht, also mal los!«

Jeder weiß, dass es so nicht funktioniert. Wenn Sie Ihrem Kind das Fahrradfahren beibringen wollen, müssen Sie neben ihm herlaufen und es anspornen. Und »Gleichgewicht« ist keine Theorie, die man beigebracht bekommt, sondern etwas, was man beim Fahren erleben muss. Etwas, was man *fühlt*, wenn man den Lenker festhält.

Kinder lernen aus direktem Feedback. Sie merken, ob etwas klappt oder nicht. Sie lehnen sich etwas zu weit zur Seite und spüren, wie sie beinahe umkippen. Rasch steuern sie mit der Lenkstange gegen. So geht das.

Feedback: Erfolge messen und belohnen

Der größte Irrtum in Bezug auf das Lernen ist, dass der Lernvorgang anders aussieht, wenn wir kein Kind mehr sind. Dass wir dann auch »erwachsener« lernen. Sowohl aus Untersuchungen als auch aus der persönlichen Erfahrung weiß ich, dass diese Vorstellung vollkommener Unsinn ist.

Die unmittelbare Erfahrung bestimmt, ob wir mit einem Verhalten fortfahren oder nicht. Unmittelbare Unlust beziehungsweise unmittelbarer Schmerz veranlasst uns dazu, ein neues Verhalten sofort – oder spätestens nach einigen wenigen Versuchen – wieder aufzugeben. Unmittelbares Wohlgefühl lässt uns weitermachen. Das klingt simpel und das ist es auch. Erwachsene benötigen für ihr Verhalten ebenso wie Kinder ein direktes Feedback.

Wenn Sie beispielsweise abnehmen wollen, um sich besser zu fühlen, dann wissen Sie, dass das Resultat, für das Sie die ganze Anstrengung unternehmen, mitunter Monate auf sich warten lässt. Das macht das Durchhalten sehr schwer. Die ursprüngliche »natürliche« Motivation reicht da nicht aus. Sie müssen das für das Erreichen Ihres Zieles erforderliche Verhalten »künstlich« stimulieren, bis die ersten Ergebnisse wirklich sichtbar werden. Sie müssen Belohnungen festlegen, die Sie zu einem zielorientierten Verhalten motivieren.

Manche Menschen verstehen nicht, warum es wichtig ist, das *Verhalten* und nicht die Resultate zu belohnen. Eigentlich ist das aber ganz logisch. Fast alle Veränderungen, die der Mühe wert sind, verlaufen ähnlich. Die Resultate stellen sich erst nach langer Zeit ein, während wir jedoch vom ersten Tag an »Vorleistungen« in Form von bestimmten Verhaltensweisen erbringen müssen. Häufig ist unser Verhalten auch das Einzige, worauf wir Einfluss haben, während die Resultate weitgehend außerhalb unserer Kontrolle liegen. Wir tun, was richtig ist, können aber nicht mit sofortigen Ergebnissen rechnen.

Die Resultate stellen sich erst nach langer Zeit ein, während wir jedoch vom ersten Tag an »Vorleistungen« in Form von bestimmten Verhaltensweisen erbringen müssen.

Feedback besteht aus zwei Elementen: Messen und Belohnen. Sie müssen Ihre Verhaltensfortschritte messen, um festzustellen, ob Sie Ihre Absicht korrekt umgesetzt haben oder nicht. Nur wenn Sie das beabsichtigte Verhalten korrekt umgesetzt haben, gestehen Sie sich eine Belohnung zu. Es ist wichtig, dass Sie hier mit sich selbst ein bisschen streng sind – und konsequent!

Das Messen und Belohnen kann manchmal bereits während und sonst unmittelbar nach dem Verhalten erfolgen. Unmittelbar, nachdem Sie Ihren Sport absolviert haben, dürfen Sie sich mit einem guten Buch oder einem guten Fernsehkrimi entspannen. Manchmal ist es allerdings etwas schwierig, zeitnah Feedback zu geben. Dann hilft es möglicherweise, einen festen Zeitpunkt zu wählen. So könnten Sie beispielsweise jeden Abend oder jeden Morgen den vergangenen Tag Revue passieren lassen. Schauen Sie sich den »Film« an, geben Sie ihm eine Note und belohnen Sie sich dafür.

Fortschritte im eigenen Verhalten messen

Die Aufforderung, Fortschritte im eigenen Verhalten zu messen, mag Ihnen merkwürdig erscheinen. Besonders, wenn Sie kein Freund ständiger Nabelschau sind. Aber vielen Menschen verschafft es einen enormen Auftrieb, wenn sie beginnen, ihr eigenes Verhalten zu protokollieren.

Damit das Messen effektiv ist und Spaß macht, gebe ich Ihnen drei Tipps. Messen Sie mindestens einmal täglich zu einer festen Zeit und auf der Basis einer einfachen Liste.

- *Messen Sie mindestens einmal täglich:* Das ist besonders in den ersten Wochen des Veränderungsprozesses äußerst wichtig. Jedes Mal, wenn Sie Ihren Verhaltensfortschritt messen, gibt Ihnen das die Möglichkeit, an Ihrem guten Vorsatz zu arbeiten und sich selbst zu motivieren. Sie bewerten Ihren Fortschritt, schauen nach vorn und belohnen sich im Geiste oder mit etwas Konkretem.
- *Feste Zeit:* Legen Sie einen festen Zeitpunkt am Tag fest, zu dem Sie sich einige Minuten mit Ihrem Veränderungsprozess beschäftigen. Beispielsweise während des Frühstücks oder Mittagessens oder unmittelbar vor dem Schlafengehen. Wenn Sie das Messen zu schwierig für sich gestalten, halten Sie es nicht durch. Wählen Sie dafür einen passenden, entspannten Augenblick.
- *Einfache Liste:* Bereiten Sie eine Liste vor, auf der Sie einfach ankreuzen können, ob Sie Ihre Absicht erfolgreich umgesetzt haben. Gestalten Sie sie so simpel wie möglich. Dann wird das Messen einfacher und macht mehr Spaß. Halten Sie die Liste stets parat. Legen Sie sie in Ihren Terminplaner oder verstauen Sie sie in Ihrer Brief- oder Aktentasche.

Für manche Menschen ist Messen etwas Albernes. Sie finden, dass Erwachsene solche Dinge im Kopf erledigen können. Das ist jedoch ein Missverständnis. Weil unser Verhalten nur zu einem kleinen Teil von Willenskraft und zu einem großen Teil von Gewohnheiten gesteuert wird, vergessen wir solche Dinge nur allzu leicht.

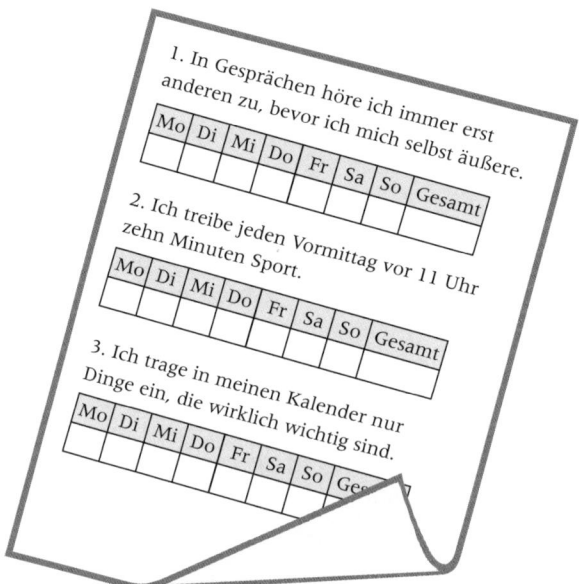

Halten Sie Ihre Liste zur Verhaltensmessung klar und einfach.

Das eigene Verhalten belohnen

Über das Belohnen von Verhalten haben wir bereits gesprochen. Wichtig ist vor allem, dass die Belohnung in unserer Wahrnehmung klar an das Verhalten gekoppelt ist. Am besten verbindet Ihr Kopf eine Belohnung mit dem zugehörigen Verhalten, wenn die Belohnung während oder unmittelbar nach der Handlung stattfindet. Wenn Sie sich die Belohnung erst später gewähren können, müssen Sie dafür sorgen, dass Ihr Kopf dennoch eine klare Verbindung zwischen Verhalten und Belohnung herstellt. Spielen Sie sich im Kopf den Film Ihres Verhaltens vor und belohnen Sie sich auf dieser Basis.

Ganz wichtig ist es, dass Sie die richtige Belohnung und die richtige Motivationsquelle für sich ermitteln. Und noch einmal: In vielen Fällen müssen Sie die ursprüngliche (auf das Endziel gerichtete) Motivation mit einer guten Dosis kurzfristig wirkender »künstlicher« (auf das erforderliche Verhalten gerichteter) Motivation unterfüttern. Es hilft, während und unmittelbar nach dem Verhalten explizit an das Endziel zu denken. Häufig ist jedoch ein zusätzlicher Antrieb beispielsweise in Form von Belohnungen unverzichtbar.

Einige Beispiele:

- Wenn Sie am ersten Tag Ihres gesünderen Lebensstils alle Naschereien durch Mineralwasser ersetzt haben, dürfen Sie sich am Abend einen hübschen Film ausleihen.
- Wenn Sie zum ersten Mal einen Tag lang Ihre Kollegen durchgehend positiv und freundlich behandelt haben, ist es Zeit für einen geruhsamen Abend mit einem neuen Buch.
- Wenn Sie das erste Kapitel Ihres Lehrbuchs durchgearbeitet haben, dürfen Sie eine Pause machen und etwas Leckeres knabbern.

Gelegentlich ist es sehr schwierig, die richtigen Motivationsquellen und Belohnungen zu finden. Aufgrund unserer jeweiligen Erfahrungen und der daraus resultierenden Überzeugungen betrachten wir alle die Welt mit unterschiedlichen Augen. Davon hängt auch ab, was wir als Strafe und was als Belohnung empfinden. So können ein und dieselben Dinge den einen motivieren und den anderen demotivieren. Folglich gibt es keine universellen Regeln für das Belohnen.

Außerdem wirken manche Belohnungen unseren langfristigen Zielen entgegen. Wer stärker auf seine Gesundheit achten und sich deshalb das Rauchen abgewöhnen will, aber verrückt nach Schokolade ist, wird beim Stichwort Belohnung zuerst an einen leckeren Riegel Schweizer Schokolade denken. Nach einem Jahr stellt sich dann allerdings das nächste Problem: Übergewicht.

Ein Veränderungscoach

Im vorigen Kapitel haben wir das Thema Hilfe bereits kurz angesprochen. Für Ihre wichtigsten Veränderungen benötigen Sie häufig die Unterstützung anderer Menschen. Das können Menschen aus dem direkten Umfeld wie Ihr Partner oder ein guter Freund sein. In jedem Fall ist es gut, sie in wichtige Veränderungsprozesse einzubeziehen. Manchmal kann es auch nützlich sein, sich einen professionellen Coach zu suchen. Jemanden, den Sie speziell für dieses Vorhaben auswählen und den Sie möglicherweise aus der eigenen Tasche bezahlen.

Coaching und andere Formen der Unterstützung – und sei es auch nur ein Telefonanruf einmal die Woche – sind in jedem Veränderungsprozess wichtige Erfolgsfaktoren.

Ein Coach kann in der Anfangsphase hilfreich sein: in den Phasen des Träumens und Wagens, wenn Sie von Zeit zu Zeit Resonanz brauchen. In der Phase des Tuns kann er Sie beim Durchhalten unterstützen. Die Ermunterung durch andere wird von fast allen Menschen, die einen Veränderungsprozess durchlaufen, als sehr motivierend empfunden.

Wer weiß, dass ihm ein Coach über die Schulter schaut, misst seine Fortschritte sehr viel sorgfältiger und gewissenhafter.

Und das Wissen darum, dass ab und zu jemand fragen wird, wie es einem so ergeht, wirkt auf viele Menschen wie ein wichtiger Antriebsimpuls. Wer weiß, dass ihm ein Coach über die Schulter schaut, misst seine Erfolge sehr viel sorgfältiger und gewissenhafter und belohnt sich dementsprechend.

Sofern Sie sich dazu entschließen, einen Coach hinzuzuziehen, sollten Sie sich im Vorfeld überlegen, nach welcher Art von Coach Sie suchen.

- Suchen Sie einen guten Zuhörer, jemanden, der Fragen stellt und Sie zum Denken anregt, der nicht urteilt, sondern vorrangig als Resonanzboden zur Verfügung steht?
- Suchen Sie einen Schicksalsgenossen oder Partner: jemanden,

der auch etwas verändern will und deshalb nicht nur selbst zuhört, sondern auch von Ihnen aktives Zuhören erwartet?

- Oder suchen Sie einen Mentor, jemanden, der sich in der Veränderung, die Sie vorhaben, auskennt und Sie optimal beraten kann?

Wichtig ist, dass Sie dem anderen vertrauen. Wenn Sie sich einen Zuhörer zum Coach wählen, müssen Sie sich vergewissern, dass er ehrlich an Ihnen interessiert ist. Wenn Sie mit einem Schicksalsgenossen sprechen, müssen Sie darauf achten, dass seine Situation mit der Ihrigen mehr oder weniger vergleichbar ist. Und wenn Sie einen Mentor haben, müssen Sie von seinen Qualitäten und seiner Professionalität überzeugt sein.

Aufschub vermeiden

In den Kapiteln 7 und 8 sprach ich davon, dass für die meisten Menschen der erste kritische Augenblick erreicht ist, wenn sie erstmals eine neue Verhaltensweise zeigen sollen. Wir lassen uns mitunter nur sehr widerwillig auf Veränderungen ein und versuchen, ihren Beginn so lange wie möglich hinauszuschieben. Viele Menschen entscheiden sich nicht etwa gegen wichtige Veränderungen, sie verschieben sie nur immer wieder, sodass sie am Ende niemals damit beginnen.

Warum schieben wir Dinge auf? Dafür gibt es zwei Gründe:

- Wir fürchten uns vor dem kurzfristigen Frust, den das neue Verhalten erzeugen kann. Wir haben in der Vergangenheit die Erfahrung gemacht, dass die Umsetzung unserer Absichten besonders zu Beginn mit Mühen und Schmerzen einhergeht. Wir sind möglicherweise viel zu sehr Perfektionist und ertragen es nicht, wenn Neues nicht gleich funktioniert. Wie dem auch sei: Wir möchten vorläufig lieber in unserer Komfortzone bleiben.
- Wir »genießen« den durch die Verzögerung erzeugten Druck. Manchen Menschen gibt es einen Kick, gerade noch durch die

sich bereits schließenden Türen in einen abfahrenden Zug zu springen. Sie genießen die Erleichterung, einer »unmittelbar drohenden Gefahr« gerade noch entronnen zu sein. Bei Dingen, die Sie regelmäßig tun, mögen Sie damit durchkommen. Aber wenn Sie etwas Neues vorhaben, ist die Strategie nicht zu empfehlen. Sie haben mit Ihrem neuen Verhalten schlicht noch nicht genug Erfahrung, um korrekt einschätzen zu können, wo die Grenze der Machbarkeit liegt.

Die Lösung liegt auf der Hand und entspricht dem, was ich Ihnen für Krisensituationen nahegelegt habe. Bereiten Sie sich auf den ersten Tag mittels Gedächtnisstützen, Belohnungen und aktiven Techniken der Krisenbewältigung gewissenhaft vor. Machen Sie daraus gegebenenfalls einen wahren Festtag, feiern Sie den ersten Tag. Schaffen Sie sich etwas Raum, um sich auf die Veränderung konzentrieren zu können, und versuchen Sie nicht, sie so »nebenbei« mitzuerledigen.

- Verbringen Sie Ihren ersten Nichtrauchertag ganz entspannt. Legen Sie sich bequem hin und schauen Sie einen guten Film.
- Nach Ihrer ersten sportlichen Ertüchtigung gönnen Sie sich ein langes, entspannendes Bad.
- Feiern Sie Ihre erste gelungene Maßnahme zur Beziehungsverbesserung, indem Sie abends ausgehen und sich für den nächsten Vormittag freinehmen.

Und machen Sie sich vor allem klar, dass eine Prise Unsicherheit zum Leben dazugehört. Selbst berühmte und erfahrene Künstler sind vor Premieren häufig nervös.

Träumen, Wagen, Tun ...

■ Unmittelbares Feedback ist die wichtigste Lernquelle des Menschen. Das bedeutet, dass wir die Fortschritte im Hinblick auf das gewünschte Verhalten von Anfang an messen und belohnen müssen.

■ Viele Menschen profitieren in dieser Phase von der Hilfe eines Veränderungscoachs. Sie wünschen sich das Feedback anderer Menschen und benötigen zusätzliche Anreize.

■ Der Versuchung, eine anstehende Veränderung ständig vor uns herzuschieben, können wir vorbeugen, indem wir die ersten Schritte besonders gründlich vorbereiten. Wenn es einfach kein Spaß ist, dann machen Sie es zu einem.

»Gegen diese Krankheit gibt es keine Medizin; sie ist unheilbar«

■ **Jane (43)** ist mit Edward verheiratet. Sie ist Mutter dreier Söhne und chronisch krank. Es begann vor neun Jahren, als ihr ein Zeh abstarb, und im folgenden Winter noch einer. »Nachdem ich alle Tests gemacht hatte, wusste ich, dass ich unter Kryoglobulinämie litt. Das bedeutet, dass mein Blut unterhalb von 16° Celsius zu klumpen beginnt. Das Problem ist, dass es gegen diese Krankheit keine Medizin gibt – sie ist unheilbar. Das Einzige, was hilft, ist Wärme. Auch Magen und Darm sind betroffen, und ich hatte diverse Herz- und kleinere Schlaganfälle.« Jane kann im Winter das Haus nicht verlassen. Sie muss eine strenge Diät einhalten und hat ständig Schmerzen.

Anfangs waren ihr die Konsequenzen nicht voll bewusst. »Solange ich im Sommer raus kann, dachte ich, kann ich ja immer noch viele Dinge tun.« Bis der Winter kam und sie nicht mehr weg konnte. Jetzt hatte sie das Gefühl, abseits zu stehen und nicht mehr am alltäglichen Leben teilzunehmen.

»Ich bin immer sehr aktiv gewesen, habe Nähkurse besucht, ehrenamtlich in der Kirche gearbeitet und mich in der Schule meiner Söhne engagiert. Aber diese Art von Aktivitäten findet überwiegend im Winter statt. Ich konnte auch nicht mehr aus dem Haus, wenn mich die Ruhelosigkeit packte, und so war ich besonders stark auf mich und meine Krankheit zurückgeworfen. Zuerst blieb ich eine Woche lang im Bett liegen und wollte mit niemandem reden. Ich war mit mir und der Welt fertig.

Nach einer Woche dachte ich: Ich habe zwei Möglichkeiten. Entweder verkrieche ich mich in mir selbst und werde zutiefst unglücklich, und meine Familie ebenso. Oder ich versuche, meinen Seelenfrieden zu finden und einen Neuanfang zu machen. Ich entschied mich für die zweite Lösung und griff als Erstes zum Stift. Ich beschrieb die Schwierigkeiten, die mich quälten, weil mein Körper nicht mehr mitspielte. Ich sprach viel mit Edward, mit meinem Arzt und mit einem guten Freund, und mir wurde bewusst, dass meine Situation so war, wie sie war, und sich nicht mehr ändern würde.

Allmählich fand ich über kleine Dinge wieder in einen Lebensrhythmus und begann, meine Grenzen auszutesten. Ich suchte nach Alternativen für die Dinge, die ich nicht mehr tun konnte. So lese ich jetzt überwiegend Kinderbücher, weil ich gelegentlich Wörter durcheinanderbringe; und ich beschäftige mich mit Dingen, die man zu Hause machen kann, ich gestalte Karten, sticke und lade Menschen zu mir ein. Anfangs musste ich alle Kraft in die Dinge legen, die ich verändern wollte, bis sie sich irgendwann wieder natürlich anfühlten.«

Es war schwierig, die eigenen Erwartungen und die Erwartungen der Umwelt auf einen Nenner zu bringen. Jane war es gewohnt, ihre Energie und ihre Selbstbestätigung aus Dingen zu beziehen, die sie für andere tat.

»Ich dachte, dass man nur Anerkennung erwarten kann für Dinge, deren Resultate für andere sichtbar sind. So hatte ich mein Haus immer selbst geputzt und allen erzählt, dass ich es gern tat. In Wahrheit machte es mir keinen Spaß. Als ich es zum ersten Mal nicht mehr konnte, fiel mir das Loslassen schwer. Ich hatte Angst, dass meine Mutter sagen würde, es sei nicht sauber genug. Eines Tages wagte ich, laut darüber zu sprechen. Meine Freunde sagen jetzt, dass ich ihnen so viel gebe, nur weil ich da bin. Anfangs konnte ich mir das nicht vorstellen. Ich musste erst wieder lernen, an mich selbst zu glauben.

Inzwischen kann ich das Leben viel mehr genießen. Wenn Freunde da sind, genieße ich das sehr. Ich kann mich jetzt besser entspannen, während ich früher oft dachte: *Ja, hier sitze ich, aber eigentlich müsste ich das Badezimmer putzen.* Seit ich krank bin, weiß ich Augenblicke der Freude erst richtig zu schätzen. Freude an meiner Familie, Musik, Freunden. Wenn ich einfach so weitergelebt hätte wie vorher, hätte ich dieses Glück nicht kennengelernt. Ich wäre ständig beschäftigt und viel unterwegs gewesen. Ich wollte immer so viel.

Ich wollte immer so viel.

Jetzt denke ich: Was entgeht den anderen nicht alles, weil sie ständig auf Leistung bedacht sind. Vielleicht ist es einfacher loszulassen, wenn man dazu gezwungen wird.«

Träumen, Wagen, Tun …

- Manche Dinge lassen sich nur schwer akzeptieren, obwohl sie nicht zu ändern sind. Dann bleibt nur, alle Hoffnung fahren zu lassen oder aber die Situation aus der Perspektive der verbleibenden Möglichkeiten neu zu erfassen.

- Wenn wir nicht in den Begriffen von Erfolg und Misserfolg denken, sondern das Leben als Lernchance begreifen, machen uns auch unerfreuliche Begebenheiten stärker und klüger.

- Richten Sie Ihr Leben nicht danach aus, was andere vermeintlich von Ihnen erwarten. Tauschen Sie sich mit ihnen aus, aber haben Sie den Mut, Ihre eigenen Entscheidungen zu treffen.

10. Tun: Beharrlichkeit führt zum Ziel

- Wenn alles ein Lernprozess ist, gibt es kein Scheitern mehr
- Aber wie verhalten wir uns nach einem Rückfall?
- Träumen, Wagen, Tun als unsere zweite Natur

Im vorigen Kapitel erzählte ich von meiner Tochter Emma und ihrem Wunsch, Fahrrad fahren zu lernen. Angenommen, mir ist es beim ersten Mal nicht gelungen, es ihr beizubringen. Wir haben den ganzen Nachmittag geübt, aber es geht nicht. Wie häufig werde ich den Versuch wiederholen? Wie lange würden Sie versuchen, Ihrem Kind das Fahrradfahren beizubringen?

Natürlich so lange, bis es das kann!

Bei allen Dingen, die uns wirklich wichtig sind im Leben, bleiben wir so lange am Ball, bis wir sie irgendwann meistern. Kleine Kinder fallen unzählige Male hin, bis sie schließlich laufen können. Aber ich kenne keine Eltern, die sagen würden: »Du bist jetzt zehnmal hingefallen, das reicht. Pech. Du kannst es halt nicht und wirst es auch nicht mehr lernen. Du bist eben nicht fürs Gehen geboren. Dann musst du halt weiter krabbeln.«

Du bist eben nicht fürs Gehen geboren. Dann musst du halt weiter krabbeln.

Und was tun Menschen, die aufgrund eines Unfalls oder einer Krankheit erst mal nicht mehr gehen können? Sie genesen und lernen das Laufen ein zweites Mal, und sei es mit irgendeiner Art von Gehhilfe. Und wenn Gehen nicht mehr möglich ist, lernen sie, sich unabhängig in einem Rollstuhl zu bewegen. Für alles, was uns wirklich etwas bedeutet, strengen wir uns so lange an, bis wir unser Ziel auf dem einen oder anderen Wege erreicht haben.

Jeder Schritt im Veränderungsprozess ist ein Test Ihrer Motivation. Mit jedem Schritt, den Sie tun, haben Sie Ihr eigenes Verhalten besser unter Kontrolle, allerdings verlangt jeder Schritt auch Aufmerksamkeit, Zeit und Energie. Nur wenn Sie eine Veränderung wirklich wichtig finden, werden Sie die erforderliche Energie investieren. Es kann sein, dass Sie bei der Lektüre dieser letzten Kapitel zu dem Schluss kommen, dass Sie zu dieser Investition nicht bereit sind. Das ist keine Schande, sondern eine Kosten-Nutzen-Abwägung. Solange Sie diese Entscheidung ehrlich und aus freien Stücken treffen!

Wenn Sie jedoch beschließen, dass Sie durchhalten und Ihre Absicht in die Tat umsetzen wollen, sollten Sie sich selbst den Gefallen tun und die Vorstellung von Erfolg und Scheitern aus Ihrem Denken tilgen. Scheitern gibt es nicht, sofern Sie die Absicht haben, weiterzumachen. Sie können höchstens lernen und es beim nächsten Mal besser machen.

Das Leben als Lernprozess

Ich erwähnte bereits, wie wichtig es ist, zu experimentieren. Probieren Sie immer mal wieder etwas Neues aus. Überlegen Sie sich eine Überraschung für Ihren Partner, besuchen Sie einen Kurzlehrgang, leihen Sie sich einen Film, den Sie sich normalerweise nicht aussuchen würden, unterhalten Sie sich mit Mitreisenden, rufen Sie heute Abend jemanden an, den Sie schon lange nicht mehr gesprochen haben, jemanden, bei dem Sie möglicherweise etwas wiedergutzumachen haben …

Tun Sie von Zeit zu Zeit etwas Verrücktes und gehen Sie an die Grenze Ihres JA-Bereichs. Finden Sie heraus, ob Sie diese Grenzen ein wenig weiter ziehen können. Das macht das Leben interessant und erzeugt Selbstvertrauen. Außerdem gewöhnen Sie sich an dieses Prickeln in der Magengegend, das Sie bei dieser Art von Aktivitäten spüren.

Alles ist erlaubt, solange Sie es als Experiment betrachten. Als eine Gelegenheit zum Lernen. Wenn Sie Ihren Veränderungsversuch als Experiment betrachten, ist ein Misserfolg ausgeschlossen. Ein Experiment liefert nämlich immer ein Ergebnis. Sie lernen, wie es nicht geht, oder Sie lernen, wie es geht.

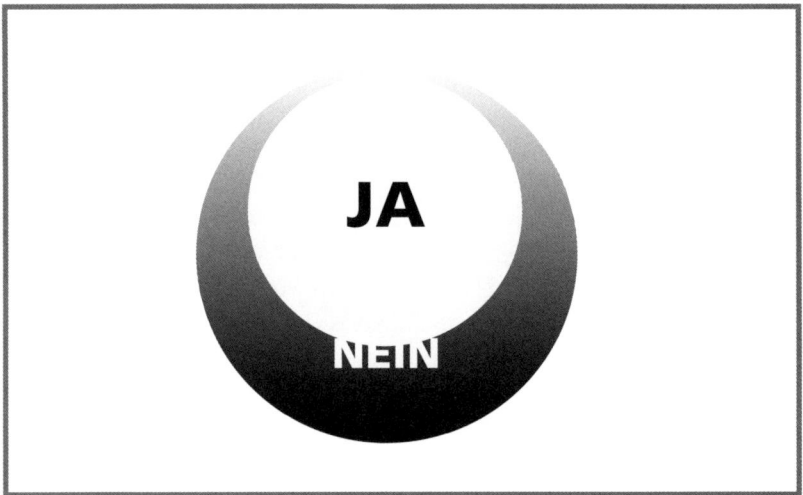

Prüfen Sie, ob Sie die Grenzen Ihres JA-Bereichs weiter ausdehnen können.

Im Übrigen ist das Experiment auch eine gute Methode, um andere Menschen für eine Veränderung zu gewinnen. Auch wenn das nicht das Hauptthema dieses Buches ist: In vielen Fällen sind von unserer Veränderung auch andere Menschen betroffen. Unser Partner, unsere Kollegen, Freunde, Familienangehörige. Wenn Sie diese Menschen bitten, an einer Veränderung mitzuwirken, die Sie als ambitioniert, unumkehrbar und umfassend beschreiben, werden Sie damit nicht sofort Begeisterung entfachen. Aber wenn Sie in kleinen Experimenten denken, dann werden Sie auf viel weniger Widerstand stoßen. Logisch, gibt es doch wenig zu verlieren und viel zu gewinnen.

Eine persönliche Veränderung unter dem Aspekt des Gelingens oder Scheiterns zu betrachten, ist vermutlich das Unergiebigste, was Sie tun können. Das Leben ist ein einziger Lernprozess. Sobald Sie diese Einsicht verinnerlicht haben, macht alles viel mehr Spaß.

Wie lange müssen wir den Fortschritt messen und belohnen?

Wenn wir mit einer Veränderung beginnen, ist es sehr wichtig, dass wir den Fortschritt täglich messen und belohnen. Aber wie lange gilt das? Müssen wir bis in alle Ewigkeit messen und bis in alle Ewigkeit belohnen?

Zuerst zur Belohnung. Wenn wir das richtige Verhalten gefunden haben, stellt sich über kurz oder lang eine natürliche Belohnung ein. Unsere Beziehung verbessert sich, wir fühlen uns besser, wir fühlen uns gesünder, wir erkennen die Früchte unserer Arbeit. Manchmal reichen ein paar Tage, aber häufig müssen wir uns Wochen oder Monate gedulden, bis wir nennenswerte Resultate zu sehen bekommen.

Häufig müssen wir uns Wochen oder Monate gedulden, bis wir nennenswerte Resultate zu sehen bekommen.

Mein Rat lautet: Genießen Sie diese »natürlichen« Resultate ganz bewusst. Sagen Sie sich regelmäßig, dass dies die Belohnung für die Entscheidung ist, auf sich selbst besser achtzugeben. Schritt für Schritt können Sie die »künstlichen«, kurzfristig wirksamen Belohnungen dann reduzieren. Sie können beispielsweise beschließen, sich nicht mehr jedes Mal, sondern nur noch jedes zweite oder dritte Mal, wenn Sie Ihr beabsichtigtes Verhalten ausführen, zu belohnen. Sie können Ihre Belohnung auch immer länger zurückstellen.

Und wie steht es mit dem Messen? In jedem Fall müssen Sie Ihre Verhaltensfortschritte so lange messen, wie Sie mit künstlichen Belohnungen arbeiten. Sonst wissen Sie nicht, wann Sie ein Anrecht darauf haben. Aber auch, nachdem Sie ganz dazu übergegangen sind, Ihre natürlichen Belohnungen zu genießen, schadet es nicht, Ihre Erfolge weiter zu messen. Dadurch schaffen Sie Augenblicke, in denen Sie sich bewusst mit der eigenen Leistung auseinandersetzen.

Langfristig können Sie die Häufigkeit reduzieren. Dann messen Sie nicht mehr täglich Ihre Fortschritte, sondern wöchentlich oder monatlich. Die Messungen ganz einzustellen, ist nicht sehr ratsam. Ihr altes Verhalten, bei dem Sie sich einst so wohlfühlten, ist nämlich noch immer im MP3-Player gespeichert und kann sich jederzeit wieder bemerkbar machen. Häufig geschieht das schleichend; vergessen Sie also nicht, sich von Zeit zu Zeit zu überprüfen.

Mit Rückfällen umgehen

Allen Vorsichtsmaßnahmen zum Trotz sind Sie vor einem Rückfall niemals gefeit. Nach einem anstrengenden Tag streiten Sie einmal mehr mit Ihrem Partner. Nach einem enttäuschenden Abend geben Sie sich erneut dem Selbstmitleid hin. Und wenn Ihre Freunde das Abendessen kurzfristig absagen, plündern Sie nach alter Manier den Kühlschrank.

Die alten automatischen Gefühle, Gedanken und Verhaltensweisen bleiben für immer auf unserem MP3-Player. Und wenn in einem unerwarteten Moment die falschen Knöpfe gedrückt werden, dann können wir gelegentlich noch nach Jahren einen Rückfall erleiden. Diese Dinge passieren leider. Wichtig ist dann aber die Frage, wie wir damit umgehen. *Nicht ärgern, nur wundern*, sagt meine Schwester immer. Ärger und Verdruss helfen nicht, Neugier schon eher. Was lernen wir daraus? Wie verhalten wir uns in einer solchen Situation?

Wenn Sie einen Rückfall als Lernerfahrung sehen können, sind Sie fein raus. Ein Rückfall ist vielleicht ärgerlich und verlangt von Ihnen zusätzliche Anstrengungen. Aber Sie haben auch wieder etwas gelernt. Sie haben eine weitere Krisensituation kennengelernt, die Sie beim nächsten Mal nicht mehr überraschen kann. Wenn Sie zu Hause treppauf gehen und über eine defekte Stufe stolpern, verbringen Sie ja auch nicht den Rest Ihres Lebens im Erdgeschoss. Das nächste Mal sind Sie bei dieser Stufe besonders vorsichtig.

Bemitleiden oder bestrafen Sie sich nicht übermäßig nach einem Rückfall in alte, schlechte Gewohnheiten. Und versuchen Sie nicht, ihn zu rechtfertigen. In beiden Fällen wird der nächste Rückfall nicht auf sich warten lassen, dann kommt der nächste und immer so weiter. Da dauert es nicht lange, bis Sie zu dem Schluss kommen, dass all Ihre Mühe vergeblich gewesen ist.

Durchhalten, überprüfen und aktualisieren

Wichtige Veränderungen kennen keinen Endpunkt. Wer einmal von Tabak, Alkohol, Glücksspielen oder anderen Suchtmitteln abhängig war, weiß das. Ein Rückfall droht zu jeder Zeit. Auch nach vielen Jahren noch. Wer ineffektive Automatismen durchbrechen und neue Gewohnheiten erlernen will, kann sich zu keinem Zeitpunkt auf dem Erreichten ausruhen. Er muss sich weiter selbst beobachten und sich ständig an das unter so viel Schmerzen und Mühen erzielte Resultat erinnern.

In manchen Fällen dürfen Sie also niemals aufhören, Ihre Erfolge zu messen. Sie müssen bis an Ihr Lebensende den Stand der Dinge im Auge behalten, um festzustellen, ob Sie noch auf Kurs sind.

Wenn ich merke, dass bestimmte gute Gewohnheiten aus dem Blickfeld zu geraten drohen, dann nehme ich mir die Liste wieder vor.

Vor einigen Jahren war ich noch davon überzeugt, dass ich alles mit bloßer Willenskraft erreichen könnte. Inzwischen bin ich älter und weiser geworden und arbeite seit geraumer Zeit mit einer Liste diverser Verhaltensweisen. Im einen Monat mache ich davon etwas diszipilinierter Gebrauch als im nächsten. Aber wenn ich merke, dass bestimmte gute Gewohnheiten aus dem Blickfeld zu geraten drohen, dann nehme ich mir die Liste wieder vor.

Ich aktualisiere meine Liste mindestens zweimal jährlich. Ich frage mich dann, ob meine langfristigen Ziele immer noch dieselben sind (das ist meistens der Fall). Und ich prüfe, ob die Absichten auf meiner Liste immer noch zweckmäßig und realistisch sind. Passen sie noch zu meinen Zielen? Und wird es mir gelingen, sie in die Praxis umzusetzen? Meine täglichen Sportübungen habe ich zum Beispiel schon mehrmals modifiziert. Häufig stellt sich nach einiger Zeit heraus, dass ich es mir zu kompliziert mache – statt zehn Minuten brauche ich plötzlich zwanzig Minuten täglich – und die Liste wieder einfacher machen muss.

Die drei Schritte – Träumen, Wagen, Tun – durchlaufe ich mehrmals im Jahr. Was zunächst als wirksames Instrument für ein paar konkrete Veränderungen gedacht war, ist zu einem effektiven Instrument des Selbstmanagements geworden.

Träumen, Wagen, Tun als dauerhafte Gewohnheit

Wer einmal etwas in seinem Leben verändert hat, lässt es häufig nicht dabei bewenden. Eine erfolgreiche Veränderung gibt Selbstvertrauen und motiviert dazu, weiterzumachen und sich neue Ziele zu setzen. Vielleicht verspüren Sie sogar das Bedürfnis, anderen Menschen bei ihren Veränderungsversuchen zu helfen. Ihre eigenen Erfahrungen und Einsichten mit jemandem zu teilen, der seine Veränderung noch vor sich hat. Auch dabei können Ihnen die drei zentralen Schritte dieses Buches – Träumen, Wagen und Tun – gute Dienste leisten. Sie spielen bei jeder Veränderung eine grundlegende Rolle. Es ist deshalb aller Mühe wert, sich mit diesen drei Schritten wirklich vertraut zu machen.

Träumen … Gewöhnen Sie sich an, von Zeit zu Zeit in Ihrem JA-Bereich bewusst nach Wachstums- und Verbesserungsmöglichkeiten zu suchen. Indem Sie zielgerichtete und konkrete Verhaltensabsichten formulieren, verbessern Sie die Realisierungsaussichten Ihrer Absichten ganz erheblich.

Wagen … Gewöhnen Sie sich an, potenzielle Krisensituationen im Voraus gedanklich durchzuspielen und Durchhaltestrategien zu entwickeln. Damit vermindern Sie die Wahrscheinlichkeit eines Rückfalls und fördern Ihren Mut, schwierigere Dinge in Angriff zu nehmen.

Tun … Gewöhnen Sie sich an, Verhaltensfortschritte zu messen und zu belohnen. Bei sich selbst, aber auch bei anderen. Die Verwendung von Belohnungen anstelle von Drohungen und Strafen wirkt sich zudem positiv auf Ihre Beziehung zu anderen Menschen aus.

Diese universellen Prinzipien im Bereich des Veränderungsmanagements knüpfen unmittelbar an elementare menschliche Eigenschaften an. Sie können sie auf sich selbst anwenden, aber auch in der Kindererziehung, in Unterrichtssituationen, in der Kommunikation mit Freunden und Kollegen, in der Unternehmensführung … Eigentlich bei allen zielgerichteten Formen von Veränderung, die wir uns ausmalen können.

Indem Sie diese Prinzipien trainieren, lernen Sie, wie Sie effektiver lernen können. Davon werden Sie Ihr ganzes weiteres Leben profitieren.

Träumen, Wagen, Tun …

- Denken Sie nicht in Begriffen von Gelingen und Scheitern, sondern in Lernerfahrungen. Wenn Ihnen Ihre Ziele wirklich wichtig sind, können Sie nicht scheitern, sondern nur auf dem Weg dorthin lernen.

- Häufig müssen wir längere Zeit damit fortfahren, unsere Verhaltensfortschritte zu messen, um neue Gewohnheiten zu entwickeln und einen Rückfall zu vermeiden. Ein Jahr und länger ist nicht unüblich.

- Erfolgreiche Veränderungen wirken ermutigend. Wer aus den drei Schritten *Träumen*, *Wagen* und *Tun* Gewohnheiten macht, bekommt sein Leben besser in den Griff.

Nachwort

Der Ansatz, den ich in diesem Buch beschrieben habe, stellt weder eine Religion noch eine Philosophie dar. Ich wollte Ihnen ein praktisches Hilfsmittel an die Hand geben, wie Sie Ihr Leben auf der Grundlage Ihrer wichtigsten Überzeugungen konstruktiv und zukunftsgerichtet gestalten können. Wie Sie, unbeirrt von äußeren Einflüssen, Ihr eigenes Leben führen können.

Um mich klar auszudrücken: Ich glaube nicht, dass das Leben »machbar« ist. Die meisten Dinge um uns herum geschehen ohne unser Zutun. Das Leben verschont uns nicht mit Krankheit, Unfall und Tod. Das ist nicht schön, aber so ist das Leben nun einmal. Alles, was wir tun können, ist, einen Teil unseres Verhaltens sowie die Art und Weise, wie wir auf das Unvermeidliche reagieren, zu kontrollieren.

Heute blicke ich mit mehr Bescheidenheit auf mich selbst und mit mehr Sympathie und Einfühlungsvermögen auf andere Menschen.

Letzteres, der Umgang mit Rückschlägen, ist eine Fähigkeit, die wir unbedingt brauchen, um ein normales Leben zu führen. Wer erwartet, dass das Leben nichts als Glück und Spaß ist oder dass sich ein derartiges Leben erzwingen lässt, wird sicherlich enttäuscht werden.

Nun hoffe ich, dass Sie vom Inhalt dieses Buches in mehrfacher Weise profitieren werden. Erstens werden Sie merken, dass Sie mehr Kontrolle über Ihr eigenes Verhalten haben, wenn Sie den Ratschlägen dieses Buches folgen. Außerdem werden Sie Ihr eigenes Verhalten und das anderer Menschen besser begreifen. Auch das ist positiv.

Je eingehender ich mich in den vergangenen Jahren mit dem Verhalten beschäftigt habe, mit desto mehr Bescheidenheit blicke ich auf mich selbst und mit desto mehr Sympathie und Einfühlungsvermögen auf andere Menschen. Und das allein ist ein großartiger Gewinn.

Ben Tiggelaar

Träumen, Wagen, Tun: ein Test

Wie gut sind Sie bereits im Umgang mit gezielten Veränderungsprozessen? Wie effektiv steuern Sie in der Regel Ihr eigenes Verhalten? Machen Sie den Test, und entdecken Sie, was Sie schon jetzt gut können und wo Verbesserungspotenzial liegt.

Der Test besteht aus zwölf Fragen. Kreuzen Sie jeweils die Antwort an, die am besten zu Ihnen passt. Beantworten Sie die Fragen so realistisch wie möglich.

Träumen

1. Wenn ich einen bestimmten Wunsch habe, frage ich mich, wie es sich anfühlen würde, wenn dieser Wunsch in Erfüllung ginge.

niemals	manchmal	regelmäßig	häufig	immer

2. Ich tendiere dazu, bei Veränderungen meine Aufmerksamkeit *zuerst* auf die Dinge zu richten, die ich (noch) nicht kann.

niemals	manchmal	regelmäßig	häufig	immer

3. Wenn ich etwas will, versuche ich, mir das Endergebnis so *klar und konkret* wie möglich vorzustellen.

niemals	manchmal	regelmäßig	häufig	immer

4. Wenn ich weiß, welches Ergebnis ich anstrebe, analysiere ich sehr genau, was *ich* dafür *tun* muss.

niemals	manchmal	regelmäßig	häufig	immer

Wagen

5. Wenn ich weiß, was ich verändern will, mache ich mir im Vorfeld über *kritische Situationen* Gedanken, die mein Vorhaben durchkreuzen könnten.

niemals	manchmal	regelmäßig	häufig	immer

6. Wenn ich weiß, welche Hindernisse auftreten können, denke ich über diverse Möglichkeiten nach, wie ich dennoch durchhalten kann.

niemals	manchmal	regelmäßig	häufig	immer

7. Wenn ich in meinem Leben etwas verändern will, entwerfe ich einen Plan mit den einzelnen Schritten und Teilzielen.

niemals	manchmal	regelmäßig	häufig	immer

8. Wenn ich wirklich beabsichtige, etwas zu verändern, suche ich mir jemanden, der bereit ist, mich darin zu unterstützen.

niemals	manchmal	regelmäßig	häufig	immer

Tun

9. Wenn ich dabei bin, mich zu verändern, rufe ich mir regelmäßig die Gründe dafür ins Bewusstsein, warum ich damit begonnen habe.

niemals	manchmal	regelmäßig	häufig	immer

10. Während des Veränderungsprozesses messe ich sorgfältig, inwieweit es mir gelingt, mich an meine Absichten zu halten.

niemals	manchmal	regelmäßig	häufig	immer

11. Wenn ich während eines Veränderungsprozesses standhaft bleibe, belohne ich mich selbst.

niemals	manchmal	regelmäßig	häufig	immer

12. Auch nachdem ich eine wichtige Veränderung vollzogen habe, kontrolliere ich von Zeit zu Zeit, ob ich noch auf Kurs bin.

niemals	manchmal	regelmäßig	häufig	immer

Punkte und Auswertung

Unten finden Sie die Punkte, die Sie für jede Antwort bekommen. Bilden Sie für jede Phase (Träumen, Wagen, Tun) die Summe. Für jede Phase erhalten Sie eine Auswertung und einige Tipps.

Träumen

Frage 1:
niemals (0) – manchmal (1) – regelmäßig (2) – häufig (3) – immer (4)

Frage 2:
niemals (4) – manchmal (3) – regelmäßig (2) – häufig (1) – immer (0)

Frage 3:
niemals (0) – manchmal (1) – regelmäßig (2) – häufig (3) – immer (4)

Frage 4:
niemals (0) – manchmal (2) – regelmäßig (4) – häufig (6) – immer (8)

Weniger als 12 Punkte in diesem Abschnitt

Jeder hat Träume für die Zukunft. Die eine Art zu träumen ist effektiver als die andere. Wenn Sie ein klares Bild von der Richtung haben, in die Sie gehen wollen, ist die Chance größer, dass Sie Ihre Träume oder Teile davon realisieren können.

Wichtig ist vor allem, dass Sie Ihre Träume anschließend auch in Verhaltensweisen übersetzen. Was werden Sie tun, um Ihre Ziele zu erreichen? Welche zielgerichteten und praktikablen neuen Gewohnheiten helfen Ihnen, sich in die Richtung, die Sie gewählt haben, zu bewegen?

In den Kapiteln 5 und 6 wird erklärt, wie Sie die Richtung bestimmen und wie Sie sie in alltägliches Handeln übersetzen.

Mehr als 12 Punkte in diesem Abschnitt

Sie haben wahrscheinlich eine klare Vorstellung von dem, was Sie wollen. Das ist ein guter Anfang. Bedenken Sie jedoch, dass klare Ziele allein häufig nicht genügen. Es ist wichtig, dass Sie sie in konkretes Verhalten übersetzen. Was genau werden Sie jeden Tag tun, um Ihre Träume wahr zu machen? Welche neuen Gewohnheiten sind dazu erforderlich? In den Kapiteln 5 und 6 finden Sie vermutlich diverse Dinge, die Sie bereits regelmäßig tun. Daneben stoßen Sie aber auch auf eine Reihe von Einsichten und Techniken, die Ihnen helfen werden, Ihre Wünsche noch effektiver zu formulieren.

Wagen

Frage 5:
niemals (0) – manchmal (1) – regelmäßig (2) – häufig (3) – immer (4)

Frage 6:
niemals (0) – manchmal (2) – regelmäßig (4) – häufig (6) – immer (8)

Frage 7:
niemals (0) – manchmal (1) – regelmäßig (2) – häufig (3) – immer (4)

Frage 8:
niemals (0) – manchmal (1) – regelmäßig (2) – häufig (3) – immer (4)

Weniger als 12 Punkte in diesem Abschnitt

Möglicherweise sind viele Ihrer Veränderungsversuche in der Vergangenheit entweder unmittelbar zu Beginn oder später in einem kritischen Augenblick gescheitert. Viele Menschen wissen, dass es während eines persönlichen Veränderungsprozesses Krisensituationen gibt, aber sie treffen nicht die richtigen Vorsichtsmaßnahmen. Das führt fast immer zu einem Rückfall in die alten Gewohnheiten, von denen sie sich eigentlich verabschieden wollten.

In den Kapiteln 7 und 8 werden Sie eine Reihe von Tipps finden, wie Sie die Hindernisse im Vorfeld erkennen, sowie Techniken, wie Sie sie bewältigen und Ihren Weg erfolgreich fortsetzen können.

Mehr als 12 Punkte in diesem Abschnitt

Sie gehen Veränderungen in Ihrem Leben bereits sehr tatkräftig an. Auf jeden Fall wissen Sie, dass der Weg nicht immer einfach ist, und Sie bereiten sich auch darauf vor. Sehr vernünftig. Und so werden Sie in den Kapiteln 7 und 8 einigen vertrauten Dingen begegnen. Darüber hinaus werden Sie jedoch besonders in Kapitel 8 eine Reihe von Techniken finden, die Ihnen helfen, in schwierigen Momenten noch besser Kurs zu halten. Die Chancen einer erfolgreichen Veränderung verbessern sich dadurch mindestens um den Faktor zwei bis vier.

Tun

Frage 9: niemals (0) – manchmal (1) – regelmäßig (2) – häufig (3) – immer (4)
Frage 10: niemals (0) – manchmal (2) – regelmäßig (4) – häufig (6) – immer (8)
Frage 11: niemals (0) – manchmal (1) – regelmäßig (2) – häufig (3) – immer (4)
Frage 12: niemals (0) – manchmal (1) – regelmäßig (2) – häufig (3) – immer (4)

Weniger als 12 Punkte in diesem Abschnitt

Sich auf eine Veränderung vorzubereiten, ist ganz schön viel Arbeit. Am Ende kommt es jedoch darauf an, dass Sie zur Tat schreiten und auch dabei bleiben. Das Verhalten ist das schwache Glied zwischen Plänen und Ergebnissen.

Häufig ist es erforderlich, dass Sie sich regelmäßig an das »Warum« Ihrer Veränderung erinnern. Wofür tun Sie das alles?

Mindestens so wichtig ist Feedback: Tun Sie wirklich das, was notwendig ist? Die eigenen Fortschritte täglich zu messen und gebührend zu belohnen, sind zwei wirkungsvolle Techniken, um eine Veränderung zu initiieren und durchzuhalten. In den Kapiteln 9 und 10 lesen Sie mehr darüber.

Mehr als 12 Punkte in diesem Abschnitt

Sie verstehen bereits sehr gut, was man braucht, um das eigene Verhalten zu steuern. Sie erinnern sich regelmäßig an das »Warum« Ihres Handelns; Sie beobachten das eigene Verhalten und belohnen Fortschritte gebührend; Sie denken nicht vorschnell, dass Sie mit dem Verändern fertig sind. Kompliment!

In den Kapiteln 9 und 10 finden Sie noch weitere Einsichten und Techniken, die Ihnen helfen werden, Ihr tägliches Handeln bewusst zu kontrollieren. Wenn es Ihnen gelingt, den in diesen Kapiteln beschriebenen Ansatz zur Gewohnheit zu machen, werden Sie sich selbst immer effektiver managen können.

Dank

In den vergangenen Jahren habe ich mehrere Tausend Menschen auf Großveranstaltungen oder in Einzelsitzungen beraten. Ihr Feedback war für mich sehr wertvoll. Viele Fragestellungen, Beispiele und Ideen entstanden und entwickelten sich während dieser Veranstaltungen.

Mein Dank gilt meiner Ehefrau Ingrid für ihre nüchternen und praktischen Kommentare zu meinen Ideen, meiner Schwester Nanja Tiggelaar, die die Interviews für dieses Buch geführt hat und darüber hinaus eine kritische Leserin war, Erna Kempen für Unterstützung und Feedback sowie meinem Verlag, der mich ermunterte, dieses Buch zu schreiben.

Ganz besonders danke ich allen, die bereit waren, ihre persönlichen Erlebnisse beizusteuern. (Ihre Namen wurden aus Gründen des Persönlichkeitsschutzes geändert – auch an dieser Stelle soll auf ihre Nennung verzichtet werden.)

Quellen

Die Inhalte dieses Buches basieren auf eigenen Recherchen sowie einem Bücherschrank voller Literatur zum Thema Verhalten. Die Beispiele und Tipps leiten sich aus meiner eigenen Erfahrung, aus Gesprächen mit Lesern und aus Erkenntnissen geschätzter Beraterkollegen her.

Literatur

Die wichtigsten Bücher und Artikel, auf die ich für dieses Buch zurückgegriffen habe:

Ajzen, I.: »The theory of planned behavior«, in: *Organizational behavior and human decision processes* 50, 1991, S. 179–211.

Bandura, A. & Locke, E. A.: »Negative Self-Efficacy and Goal Effects Revisited«, in: *Journal of Applied Psychology* 88, American Psychological Association, 2003, S. 87–99.

Bargh, J. A. & Chartrand, T.: »The Unbearable Automaticity of Being«, in: *American Psychologist* 57, American Psychological Association, 1999, S. 462–479.

Gollwitzer, P. M.: »Implementation Intentions – Strong Effects of Simple Plans«, in: *American Psychologist* 54, American Psychological Association, 1999, S. 493–503.

Grant, L. & Evans, A.: *Principles of behavior analysis*, New York: Harper Collins, 1994.

Hassin, R. R., Uleman, J. S. & Bargh, J. A. (Hg.): *The New Unconscious*, New York: Oxford University Press, 2005.

Locke, E. A. & Latham, G. P.: »Building a Practically Useful Theory of Goal Setting and Task Motivation«, in: *American Psychologist* 57, American Psychological Association, 2002, S. 705–717.

Muraven, M., Tice, D. M. & Baumeister, R. E.: »Self-Control as Limited Resource – Regulatory Depletion Patterns«, in: *Journal of Personality and Social Psychology* 74, American Psychological Association, 1998, S. 774–789.

Ouellette, J. A. & Wood, W.: »Habit and Intention in Everyday Life – The Multiple Processes by which Past Behavior

Predicts Future Behavior«, in: *Psychological Bulletin* 124, 1998, S. 54–74.

Perugini, M. & Bagozzi, R.P.: »The role of desires and anticipated emotions in goal-directed behaviours – Broadening and deepening the theory of planned behaviour«, in: *British Journal of Social Psychology* 40, British Psychological Society, 2001, S. 79–98.

Peterson, C. & Seligman, M.E.P.: *Character strengths and virtues – A handbook and classification*, Washington, DC: American Psychological Association, 2004.

Prochaska, J.O., DiClemente, C.C. & Norcross, J.C.: »In Search of How People Change – Applications to Addictive Behaviors«, in: *American Psychologist* 47, American Psychological Association, 1992, S. 1102–1114.

Prochaska, J.O., DiClemente, C.C. & Norcross, J.C.: *Changing for Good*, New York: Avon Books, 1994 (dt.: *Jetzt fange ich neu an. Das revolutionäre Sechs-Schritte-Programm für ein dauerhaft suchtfreies Leben*, München: Droemer Knaur, 1997).

Sarafino, E.P.: *Principles of Behavior Change*, New York: John Wiley & Sons, 1996.

Seligman, M.E.P.: *What You Can Change and What You Can't*, New York: Knopf, 1994.

Seligman, M.E.P.: *Authentic Happiness*, New York: Free Press, 2002 (dt.: *Der Glücksfaktor. Warum Optimisten länger leben*, Bergisch Gladbach: Ehrenwirth, 2003).

Seligman, M.E.P. & Csíkszentmihályi, M.: »Positive Psychology – An Introduction«, in: *American Psychologist* 55, American Psychological Association, 2000, S. 5–14.

Seligman, M.E.P., Steen, T.A., Park, N. & Peterson, C.: »Positive Psychology Progress – Empirical Validation of Interventions«, in: *American Psychologist* 60, American Psychological Association, 2005, S. 410–421.

Wilson, T.D.: *Strangers to ourselves – Discovering the adaptive unconscious*, Cambridge, MA: Harvard University Press, 2002 (dt.: *Gestatten, mein Name ist Ich. Das adaptive Unbewusste – eine psychologische Entdeckungsreise*, München/Zürich: Pendo, 2002).

Über Ben Tiggelaar

Ben Tiggelaar (geb. 1969) ist Ehemann und Vater. Abgesehen davon forscht und schreibt er über Führungsstile, Veränderungsprozesse und Verhaltensweisen. Er gilt als einer der gefragtesten Redner und Trainer auf seinem Gebiet.

Ben Tiggelaar hat mehrere Bücher zum Thema Management und Veränderung veröffentlicht, darunter den Bestseller *Can Do!*.

Aktuelle Informationen und Ergänzungen zu diesem Buch finden Sie auf seiner Website www.tiggelaar.com.

Die Covey-Bibliothek

Stephen R. Covey
Die 7 Wege zur Effektivität
ISBN 978-3-89749-573-9
€ 24,90 (D) / € 25,60 (A) / sFr 42,90

Stephen R. Covey
Der 8. Weg
ISBN 978-3-89749-574-6
€ 29,90 (D) / € 30,80 (A) / sFr 48,90

S. M. R. Covey, R. R. Merrill
Schnelligkeit durch Vertrauen
ISBN 978-3-89749-908-9
€ 29,90 (D) / € 30,80 (A) / sFr 48,90

Stephen R. Covey
Die 7 Wege zur Effektivität für Familien
ISBN 978-3-89749-728-3
€ 29,90 (D) / € 30,80 (A) / sFr 48,90

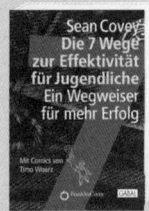
Sean Covey
Die 7 Wege zur Effektivität für Jugendliche
ISBN 978-3-89749-663-7
€ 29,90 (D) / € 30,80 (A) / sFr 48,90

Sean Covey
Die 6 wichtigsten Entscheidungen für Jugendliche
ISBN 978-3-89749-847-1
€ 29,90 (D) / € 30,80 (A) / sFr 48,90

Bücher

Stephen R. Covey
Die 7 Wege zur Effektivität
ISBN 978-3-89749-624-8
€ 49,90 (D) / € 50,40 (A) / sFr 81,00

Stephen R. Covey
Der 8. Weg
ISBN 978-3-89749-688-0
€ 59,90 (D) / € 60,50 (A) / sFr 96,90

Stephen R. Covey
Die 7 Wege zur Effektivität für Manager
ISBN 978-3-89749-890-7
€ 29,90 (D) / € 30,20 (A) / sFr 48,90

Stephen R. Covey
Die 7 Wege zur Effektivität für Familien
ISBN 978-3-89749-889-1
€ 59,90 (D) / € 60,50 (A) / sFr 96,90

Sean Covey
Die 7 Wege zur Effektivität für Jugendliche
ISBN 978-3-89749-825-9
€ 49,90 (D) / € 50,40 (A) / sFr 81,00

Stephen R. Covey
Focus: Achieving Your Highest Priorities
ISBN 978-3-86936-031-7
€ 29,90 (D) / € 30,20 (A) / sFr 48,90

Audio

Weitere Informationen finden Sie unter www.gabal-verlag.de

Management – fundiert und innovativ

K. Friedrich, F. Malik, L. J. Seiwert
Das große 1x1 der Erfolgsstrategie
ISBN 978-3-86936-001-0
€ 24,90 (D) / € 25,60 (A) / sFr 42,90

Barbara Schneider
Fleißige Frauen arbeiten, schlaue steigen auf
ISBN 978-3-89749-912-6
€ 19,90 (D) / € 20,50 (A) / sFr 33,90

Hermann Scherer
Jenseits vom Mittelmaß
ISBN 978-3-89749-910-2
€ 49,00 (D) / € 50,40 (A) / sFr 78

Ingo Vogel
Top Emotional Selling
ISBN 978-3-86936-003-4
€ 19,90 (D) / € 20,50 (A) / sFr 33,90

Roger Rankel, Marcus Neisen
Endlich Empfehlungen
ISBN 978-3-89749-845-7
€ 24,90 (D) / € 25,60 (A) / sFr 42,90

Steven Reiss
Das Reiss Profile™
ISBN 978-3-86936-000-3
€ 29,90 (D) / € 30,80 (A) / sFr 48

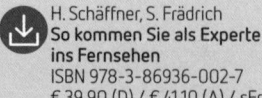

H. Schäffner, S. Frädrich
So kommen Sie als Experte ins Fernsehen
ISBN 978-3-86936-002-7
€ 39,90 (D) / € 41,10 (A) / sFr 64,90

Connie Voigt
Interkulturell führen
ISBN 978-3-86936-004-1
€ 47,00 (D) / € 48,40 (A) / sFr 75,90

Ann Salerno, Lillie Brock
Change Cycle
ISBN 978-3-86936-007-2
€ 24,90 (D) / € 25,60 (A) / sFr 42

Weitere Informationen finden Sie unter www.gabal-verlag.de

work | life — besser arbeiten und leben

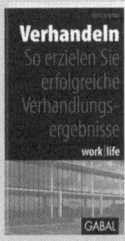

Ken Langdon
Verhandeln
So erzielen Sie erfolgreiche
Verhandlungsergebnisse
ISBN 978-3-89749-854-9

Andy Bruce, Ken Langdon
Strategisch denken
Wie Sie Ihre Zukunft planen
ISBN 978-3-89749-929-4

Steve Shipside
Präsentieren
Erfolgreich präsentieren und
überzeugen
ISBN 978-3-89749-855-6

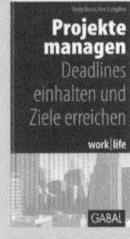

Andy Bruce, Ken Langdon
Projekte managen
Deadlines einhalten und Ziele
erreichen
ISBN 978-3-89749-857-0

4-farbige Pocketbücher: klein, praktisch und auf den Punkt gebracht
Jeder Band 120 Seiten
€ 12,50 (D) / € 12,90 (A) / sFr 22,50

James Manktelow
Stress managen
So gewinnen Sie die Kontrolle
über Ihr Leben zurück
ISBN 978-3-89749-928-7

Steve Shipside
Effektiv kommunizieren
Wie Sie sich verständlicher
mitteilen und besser zuhören
ISBN 978-3-89749-930-0

Gavin Ingham
Motivieren
Wie Sie aus sich und
anderen das Beste herausholen
ISBN 978-3-89749-856-3

Andy Smith
Ziele erreichen
Wie Sie Ihr Leben verändern
ISBN 978-3-89749-927-0

Weitere Informationen finden Sie unter www.gabal-verlag.de

Business-Bücher für Erfolg und Karriere

Hartmut Laufer
Grundlagen erfolgreicher Mitarbeiterführung
ISBN 978-3-89749-548-7
€ 19,90 (D) / € 20,50 (A) /
sFr 33,90

Hans-Jürgen Kratz
Stolpersteine in der Mitarbeiterführung
ISBN 978-3-86936-012-6
€ 19,90 (D) / € 20,50 (A) /
sFr 33,90

Brigitte Scheidt
Neue Wege im Berufsleben
ISBN 978-3-89749-921-8
€ 19,90 (D) / € 20,50 (A) /
sFr 33,90

Josef W. Seifert
Moderation und Konfliktklärung
ISBN 978-3-86936-011-9
€ 17,90 (D) / € 18,50 (A) /
sFr 31,90

Hanspeter Reiter
Effektiv telefonieren
ISBN 978-3-89749-860-0
€ 17,90 (D) / € 18,50 (A) /
sFr 31,90

Rolf Meier
Projektmanagement
ISBN 978-3-86936-016-4
€ 17,90 (D) / € 18,50 (A) /
sFr 31,90

Josef W. Seifert
Visualisieren, Präsentieren, Moderieren
ISBN 978-3-930799-00-8
€ 17,90 (D) / € 18,50 (A) /
sFr 31,90

R. Meier, E. Engelmeyer
Zeitmanagement
ISBN 978-3-86936-017-1
€ 17,90 (D) / € 18,50 (A) /
sFr 31,90

Nikolaus B. Enkelmann
Optimismus ist Pflicht!
ISBN 978-3-86936-014-0
€ 20,90 (D) / € 21,50 (A) /
sFr 35,90

Christiane Dierks
Erkennbar besser sein
ISBN 978-3-89749-920-1
€ 19,90 (D) / € 20,50 (A) /
sFr 33,90

M. Hartschen, J. Scherer, C. Brügger
Innovationsmanagement
ISBN 978-3-86936-015-7
€ 19,90 (D) / € 20,50 (A) /
sFr 33,90

I. Moser-Will, I. Grube
Denkspiele
ISBN 978-3-86936-013-3
€ 19,90 (D) / € 20,50 (A) /
sFr 33,90

Weitere Informationen finden Sie unter www.gabal-verlag.de

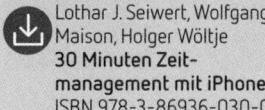

GABAL: Ihr „Netzwerk Lernen" – ein Leben lang

Ihr Gabal-Verlag bietet Ihnen Medien für das persönliche Wachstum und Sicherung der Zukunftsfähigkeit von Personen und Organisationen. „GABAL" gibt es auch als Netzwerk für Austausch, Entwicklung und eigene Weiterbildung, unabhängig von den in Training und Beratung eingesetzten Methoden: GABAL, die **G**esellschaft zur Förderung **A**nwendungsorientierter **B**etriebswirtschaft und **A**ktiver **L**ehrmethoden in Hochschule und Praxis e.V. wurde 1976 von Praktikern aus Wirtschaft und Fachhochschule gegründet. Der Gabal-Verlag ist aus dem Verband heraus entstanden. Annähernd 1.000 Trainer und Berater sowie Verantwortliche aus der Personalentwicklung sind derzeit Mitglied.

Lernen Sie das Netzwerk Lernen unverbindlich kennen.
Die aktuellen Termine und Themen finden Sie im Web unter **www.gabal.de**.
E-Mail: info@gabal.de.

Telefonisch erreichen Sie uns per 06132.509 50-90.

Die Mitgliedschaft gibt es quasi ab 0 Euro!
Aktive Mitglieder holen sich den Jahresbeitrag über geldwerte Vorteil zu mehr als 100% zurück: Medien-Gutschein und Gratis-Abos, Vorteils-Eintritt bei Veranstaltungen und Fachmessen. **Hier treffen Sie Gleichgesinnte, wann, wo und wie Sie möchten**:

- Internet: Aktuelle Themen der Weiterbildung im Überblick, wichtige Termine immer greifbar, Thesen-Papiere und gesichertes Know-how in form von White-papers gratis abrufen
- Regionalgruppe: auch ganz in Ihrer Nähe finden Treffen und Veranstaltungen von GABAL statt – Menschen und Methoden in Aktion kennen lernen
- Jahres-Symposium: Schnuppern Sie die legendäre „GABAL-Atmosphäre" und diskutieren Sie auch mit „Größen" und „Trendsettern" der Branche.

Über Veröffentlichungen auf der Website (Links, White-papers) steigen Mitglieder „im Ansehen" der Internet-Suchmaschinen.
Neugierig geworden? Informieren Sie sich am besten gleich!

„Es ist viel passiert, seit Gründung von GABAL: Was 1976 als Paukenschlag begann, ... wirkt weit in die Bildungs-Branche hinein: Nachhaltig Wissen und Können für künftiges Wirken schaffen ..."
(Prof. Dr. Hardy Wagner, Gründer GABAL e.V.)